Marcel Schönefeld

(Gefühls)Leben

Marcel Schönefeld

(Gefühls)Leben

Wie sollte ich sein oder wer bin ich wirklich?

Spezial: Besser Leben!

Impressum / Imprint
Bibliografische Information der Deutschen Nationalbibliothek: Die Deutsche Nationalbibliothek verzeichnet diese Publikation in der Deutschen Nationalbibliografie; detaillierte bibliografische Daten sind im Internet über http://dnb.d-nb.de abrufbar.

Bibliographic information published by the Deutsche Nationalbibliothek: The Deutsche Nationalbibliothek lists this publication in the Deutsche Nationalbibliografie; detailed bibliographic data are available in the Internet at http://dnb.d-nb.de.

Coverbild / Cover image: www.ingimage.com

Verlag / Publisher:
Der Trainerverlag
ist ein Imprint der / is a trademark of
OmniScriptum GmbH & Co. KG
Heinrich-Böcking-Str. 6-8, 66121 Saarbrücken, Deutschland / Germany
Email: info@verlag-trainer.de

Herstellung: siehe letzte Seite /
Printed at: see last page
ISBN: 978-3-8417-5103-4

Inhalt

Über dieses Buch

Ich arbeite nun schon seit einiger Zeit an der Fragestellung, wie ich sein sollte oder wer ich wirklich bin. Dabei kommt auch immer wieder mal der Gedanke auf, was ein gutes Leben ausmachen könnte und wie es mir gelingen kann, die gewonnenen Erkenntnisse auch noch tatsächlich umzusetzen.

Meines Erachtens existiert ein enger Zusammenhang zwischen der Frage, wer wir wirklich sind und der Frage, wie unser Leben gelingen kann. Möglicherweise ist darin die zentrale Verbindung in unserem Leben zu finden, um die sich vieles dreht und die darüber entscheidet, wie es uns im Inneren geht, wie wir denken, fühlen und handeln oder etwas anders formuliert, wie wir den Weg zu einer gesunden Lebensweise finden können.

Zurückblickend betrachtet ist mein Interesse für psychologische Aspekte schon immer recht groß gewesen. Schon sehr zeitig habe ich damit begonnen, mich mit den Verhaltensweisen der Personen um mich herum sowie meinen eigenen zu beschäftigen und versucht, die verschiedenen Facetten menschlicher Handlungen zu verstehen. Ob mir das tatsächlich gelungen ist, weiß ich nicht und kann angezweifelt werden. Viel wichtiger aber ist, dass ich mir selber immer wieder wesentliche Fragen gestellt habe und irgendwo auf dem Weg zu Antworten das vorliegende Buch *(Gefühls)Leben* entstanden ist.

In erster Linie möchte ich auf der Grundlage verschieden ausgewählter Literatur und eigener Erfahrungen, als Person wie viele andere, mit dem Buch meine Gedanken weitergeben. Es sollen bedeutsame Fragen des Lebens näher betrachtet werden, um anhand dieser, hilfreiche Antworten für die eigene Entwicklung und das eigene Wohlbefinden zu finden. Hierzu möchte ich der menschlichen Gefühlsebene eine besondere Bedeutung zukommen lassen.

An dieser Stelle sei gesagt, dass es sich bei den kommenden Ausführungen nicht um grundlegend neue Erkenntnisse handelt und ich in diesem Buch auch nicht das Rad neu erfinden werde. Ich möchte mit Hilfe der folgenden Zeilen lediglich einen Beitrag leisten, ‚Etwas' ins Bewusstsein zurückzuholen, dass aus unterschiedlichsten Gründen immer häufiger in Vergessenheit gerät. Um was es sich dabei handelt, möchte ich offen lassen und jedem die Chance geben, es für sich selber zu bestimmen.

Da mir eine pauschale Abhandlung der Thematik anmaßend erscheint und mir mit Sicherheit auch nicht gelingen würde, sei darauf hingewiesen, dass es sich in diesem Buch lediglich um ausgewählte Fragen und Antworten meinerseits handelt und der Leser entweder eine ähnliche Position zu den angesprochenen Inhalten vertritt – vielleicht auch erst während des Lesens aufbaut – oder aber auch an der einen oder anderen Stelle unterschiedlicher Meinung sein wird, möglicherweise auch komplett. Die getroffenen Aussagen dürfen nicht als die einzig ‚Wahren' aufgefasst werden und sind ebenso zu prüfen. Es gibt nicht das ‚falsche' oder das ‚richtige' Leben und jeder ist dazu aufgefordert, für sich selber zu entscheiden, wie weit er mit den Aussagen in diesem Buch übereinstimmt. Zugleich sei erwähnt, dass alle diejenigen, die nach einer Anweisung für eine sinnhafte Lebensführung suchen, ebenso enttäuscht werden müssen, da es dafür keine genaue Anleitung geben kann.

Die von mir besprochene Literatur wurde nach keinem exakten Plan ausgewählt bzw. nach keiner bestimmten Liste abgearbeitet, sondern ist mir mehr oder weniger frei von Vorgaben in die Hände gefallen. Je weiter ich bei der Recherche vorgedrungen bin, desto tiefer sollte es gehen. Wobei auch zweifelsohne die Frage berechtigt ist, ob die einzelnen Werke nicht sogar mich ausgewählt haben?

Was sich wie ein roter Faden durch die Mehrzahl der verfassten Beiträge ziehen wird, ist der psychoanalytische und zum Teil auch neurobiologische Hintergrund der Autoren der einzelnen Originalwerke. Die skizzierten Ansätze und Kerngedanken aus den jeweiligen Originalwerken leisten meines Erachtens für ein gutes Leben und für das gesundheitliche Wohl einen besonderen Beitrag. Hierbei sei erwähnt, dass es sich ausschließlich um kurze Zusammenfassungen auserwählter Inhalte handelt und bei Interesse und einer genaueren und objektiveren Darstellungsweise immer das entsprechende Originalwerk vorzuziehen ist.

Auf Grund der Komplexität der kommenden Fragen und Antworten bin ich mir der besonderen Schwierigkeit der gesamten Thematik durchaus bewusst. Dennoch möchte ich mich davon nicht entmutigen lassen und wage einen Schritt hinaus ins Licht. Um es mit einem Bild eines Vertreters des Zen-Buddhismus namens Daisetz Teitaro Suzuki zu veranschaulichen, verschwindet die Dunkelheit in einem Raum, sobald eine Kerze angezündet wird. Werden daraufhin weitere Kerzen entfacht, so wird der Raum immer mehr mit Licht durchdrängt – dennoch war es die erste Kerze, die die entscheidende Veränderung herbeigeführt hat (Suzuki, zitiert nach Fromm[1] 1971).

---

[1] Fromm, E., Suzuki, D. T., de Martino, R. (1971). Zen-Buddhismus und Psychoanalyse. Frankfurt am Main: Suhrkamp Taschenbuch Verlag.

I. Einleitung: Der Sinn des Lebens – Der Rose so ähnlich?

Stellen wir uns die Frage nach der Bedeutung einer roten Rose, so werden vermutlich viele von uns die Rose zum Symbol der Liebe erklären. Mir persönlich geht es jedenfalls so, dass ich diese besondere Blume stark mit dem Begriff der Liebe in Verbindung bringe und sie in dieser Beziehung einen besonderen Stellenwert erhält. Damit sie diese Vorstellung auch angemessen erfüllen kann, sollte sie möglichst schöne rote Blütenblätter entwickeln, um ein größtmögliches ästhetisches Erscheinungsbild nach außen hin abzugeben. Wie könnte sie sonst auch symbolisch für die Liebe eintreten?

Damit all das gelingen und sie unseren Erwartungen gerecht werden kann, haben wir ihren Wachstumsprozess umfassend erforscht und analysiert, so dass wir ein weitgreifendes Wissen darüber entwickeln konnten, wie die Rose am besten zu pflegen und zu behandeln ist. Durch einfache Beobachtungen und Messungen konnten wir umfangreiches Wissen darüber erhalten, wie viel Wasser sie für ihre Existenz benötigt, welche Erde sie bevorzugt und wie es um ihr Temperaturempfinden bestellt ist. All die gewonnenen Informationen sollen ihrem ‚optimalen' Heranwachsen dienlich sein. Doch stimmen unsere Vorstellungen darüber, was für die Rose am besten und wie ihr Leben zu gestalten ist, überhaupt mit denen der Rose überein? Ist es auch ihr eigentümliches Ziel im Leben große Blütenblätter hervorzubringen, um gut auszusehen und gut anzukommen oder geht es ihr vielleicht um wesentlich andere Dinge im Leben?

Geben wir der Rose genau das, von dem wir denken, dass es gut für ihre Entwicklung ist, so wird sie es annehmen, möglicherweise aber trotzdem nicht vollkommen zufrieden und glücklich mit all diesen ‚gut-gemeinten' Gaben sein. Unabhängig davon, wie wir ihr Leben gestalten, wird sie immer einen eigenen Antrieb verspüren, sich entsprechend ihrer Eigenkräfte zu entfalten. Nur sie allein weiß, wie stark ihr Wachstum und auch ihr Wohlergehen von optimalen Lichtverhältnissen abhängt – auch wenn alle anderen Bedürfnisse abgedeckt sind. Folglich wird ihre innere Stimme nach ‚optimaler' Entfaltung und ‚freier' Entwicklung sie stets dazu veranlassen, sich der Sonne bzw. dem Lichteinfall entsprechend auszurichten. Nimmt man ihr das Licht, so raubt man ihr diese Eigenkraft. Das liegt eben in der Natur der Rose selbst.

Ähnlich wie es sich mit der Rose verhält, so scheint es, haben wir eine genaue Vorstellung davon, was unsere Mitmenschen für ihre ‚optimale' Entwicklung benötigen, um ein ebenso schönes Erscheinungsbild nach außen hin abzugeben. Es sei zunächst einmal offen gelassen, ob diese Vorstellungen der Richtigkeit und Notwendigkeit entsprechen oder nicht. Viel wichtiger bei der Betrachtung ist die Frage, was wäre, wenn in der Tiefe des Menschen, ähnlich wie bei der Rose, vergleichbare Eigenkräfte schlummern, die uns dazu befähigen, unseren Körper und unseren Geist in eine Richtung zu mehr Wohlergehen zu lenken? Was wäre, wenn dieser innere Kern uns dazu befähigt, uns aus eigener Kraft heraus zu mehr Zufriedenheit, Glück und Gelassenheit zu verhelfen? Liegt es vielleicht auch in der Natur des Menschen, sich möglichst frei und unabhängig in eine Richtung entfalten zu wollen?

Darüber hinaus sei die Frage angestellt, was geschieht, wenn wir dieser Eigenkraft beraubt würden? Was passiert mit uns, wenn die Stimme unseres Inneren immer leiser wird, bis wir den Kontakt zu ihr gänzlich verloren haben? Neigen wir dann auch dazu, uns in eine ‚falsche' Richtung zu entwickeln und nur noch das als richtig und notwendig anzusehen, was uns von außen vorgegeben wird? Kann dies vielleicht sogar so weit gehen, dass wir unglücklich werden und allmählich anfangen – innerlich und äußerlich – zu ‚verwelken'? Und wenn ja, sind wir dann gezwungen, uns unserem Schicksal zu ergeben oder können wir unsere Eigenkräfte und den Kontakt zu unserem Inneren zurückgewinnen?

An dieser Stelle könnte ich wahrscheinlich auch auf weitere Ausführungen verzichten, das Buch schließen und ausschließlich auf das Literaturverzeichnis verweisen. Innerhalb der genutzten Werke sind denkbare Angebote für eine wohltuende Lebenspraxis zu finden und wir brauchen sie nur zu lesen, um mögliche erste Schritte auf unserer Suche nach Antworten einleiten zu können. Dennoch möchte ich die Thematik weiterhin berühren, um für Betroffene und Interessierte einen hilfreichen Überblick anzubieten, aber auch, um die intensive Zeit, der ‚Arbeit' an *(Gefühls)Leben*, in einer für mich persönlichen Form zum Abschluss zu bringen.

Darüber hinaus und trotz alledem sei darauf hingewiesen, dass das alleinige Lesen solcherlei Literatur zwar Veränderungsvorschläge zugänglich machen, die selbstreflexive Bearbeitung des Inhalts und den Mut, aktiv zu werden, jedoch nicht ersetzen kann.

II. Selbsterfahrung/Selbsterkenntnis

1. Weiter machen wie bisher oder einen anderen Weg einschlagen?

Die Schwierigkeit die Komplexität der Thematik zufriedenstellend zu erfassen, und auch die Vielfältigkeit wie Menschen den Anforderungen des Lebens auf unterschiedlichen Wegen begegnen, zeigen, dass es für eine gelingende und gute Lebenspraxis[2] kein Patentrezept geben kann. Jeder Mensch bringt unterschiedliche Verhaltensweisen und Einstellungsmuster mit, so dass es in diesem Zusammenhang kein ‚Richtig' oder ‚Falsch' geben kann.

Eines jedoch lässt sich mit Sicherheit festhalten, ohne dass es einer aufwendigen wissenschaftlichen Beweisführung bedarf. Dabei handelt es sich um die Tatsache, dass jeder Mensch ab dem Zeitpunkt seiner Geburt verschiedene Erfahrungen macht, welche ihm als hilfreiches, aber oftmals auch als weniger hilfreiches Werkzeug, für zukünftige Anforderungen des Lebens dienlich sein werden. Diese Erfahrungen werden individuell erlebt und kommen in der Ausprägung verschiedener Charakterzüge mit entsprechenden Verhaltensweisen zum Ausdruck. Auf diese Charakterzüge soll an dieser Stelle etwas näher eingegangen werden.

Trotz zahlreicher qualitativer Unterschiede (hinsichtlich unserer Lebenspraxis) wie zum Beispiel:

- welches Auto wir fahren,
- welchem Beruf wir nachgehen,

[2] Wenn ich in diesem Buch von Lebenspraktiken oder auch individuellen sowie gesellschaftlichen Entwicklungen spreche, dann beziehe ich mich dabei in erster Linie auf hoch industrialisierte Regionen wie zum Beispiel Deutschland.

- welches Hobby wir ausüben,
- welche Musik wir hören,
- mit welchen Personen wir unsere Zeit verbringen,
- wohin unsere nächste Reise führt,
- welche Kleidung wir tragen,
- wie wir unseren Tagesablauf gestalten usw.

existieren bestimmte quantitative (oder auch universale) Gemeinsamkeiten (hinsichtlich unserer Lebenspraxis), die für unsere Entwicklung förderlich oder hinderlich sein können und somit auch einen maßgeblichen Einfluss auf das eigene psychische und physische Wohlergehen besitzen.

Auf der Grundlage eigener Beobachtungen sowie persönlicher Erfahrungen und einer hilfreichen Literaturrecherche bin ich immer wieder zu der Schlussfolgerung gekommen, dass es für die eigene Lebensgestaltung und den eigenen Lebensverlauf, aber auch für das eigene Gefühlsleben von fundamentaler Bedeutung ist bzw. sein wird, mit welcher Charakterorientierung man dem Leben und all seinen Aufgaben und Absichten gegenübersteht. In diesem Zusammenhang möchte ich einige wertvolle Gedanken des Psychoanalytikers und Sozialphilosophens Erich Fromms anführen, um die Thematik weiter zu vertiefen und für den Leser einen Zugang zu den angesprochenen quantitativen Gemeinsamkeiten zu schaffen. Dabei soll es sich lediglich um eine grobe Übersicht handeln, die eine zufriedenstellende Darstellung der Gedankenwelt Erich Fromms nur andeuten kann.

Erich Fromm unterscheidet in diesem Zusammenhang zwischen einer *produktiven* und einer *nicht-produktiven Charakterorientierung*[3]. Wobei die Bezeichnungen ‚produktiv' und ‚nicht-produktiv' nicht mit einem ökonomischen Produktivitätsbegriff zu verwechseln sind. Vielmehr sollen mit diesen Begrifflichkeiten[4] prozessorientierte Lebensäußerungen bezeichnet werden, durch dessen Ausübung noch während des Aktes etwas hervor- und zur Entfaltung gebracht wird. Das heißt, nicht allein das Ergebnis oder Produkt menschlichen Verhaltens führt zum inneren Wohl, sondern vielmehr der eigentliche Prozess der Entfaltung und Entwicklung der im Menschen innewohnenden Eigenkräfte.

„Mit „produktiv" meint Fromm, dass jene dem Menschen eigenen körperlichen, geistigen, sinnlichen, intellektuellen, emotionalen und affektiven Kräfte gefördert und praktiziert werden, die den Menschen autonomer, liebender, solidarischer, empathischer, kreativer und in dem Sinn vernünftiger machen, dass er die Wirklichkeit kognitiv und emotional adäquat zu erfassen und zu durchdringen imstande ist" (Fromm, zitiert nach Funk[5] 2013).

---

[3] Hierzu auch Funk, R. (2005). Ich und Wir – Psychoanalyse des postmodernen Menschen - Kapitel: „Das psychoanalytische Menschenbild von Erich Fromm" (S. 202f).

[4] Weitere Begriffspaare zur Beschreibung der Dynamik der Charakterorientierungen sind laut Erich Fromm: ‚biophil' und ‚nekrophil', ‚Wachstumssyndrom' und ‚Verfallssyndrom' - aus „Die Seele des Menschen" (1964); sowie ‚Orientierung am Haben' und ‚Orientierung am Sein' - aus „Haben oder Sein" (1976).

[5] Funk, R. (2013). Was den Menschen gelingen lässt. Zur Aktualität der Psychoanalyse Erich Fromms. Gastvortrag am 18. Juni 2013 an der Internationalen Psychoanalytischen Hochschule Berlin.

Dieser produktive Entwicklungsprozess ist Voraussetzung für die Herausbildung einer produktiven Charakterorientierung. Zu dieser Orientierung zählt er unter anderem Eigenschaften wie zum Beispiel:

- ein liebevolles und solidarisches Miteinander, bei Wahrung der eigenen Unabhängigkeit und Freiheit, sowie der Fähigkeit, anderen Menschen etwas von sich zu geben bzw. etwas zu teilen, ohne dafür eine Gegenleistung erhalten zu müssen,

- sowie ein schöpferisches und spontanes Tätigsein, so dass Freude, Interesse und Energie dabei entstehen und man nicht nur einer bloßen energieraubenden Geschäftigkeit hinterherrennt, mit dem Ziel, sich abzulenken, die Zeit totzuschlagen oder einzelne Aspekte der eigenen Lebensgeschichte auszublenden,

- und auch eine vernünftige und objektive Betrachtungsweise der eigenen inneren und äußeren Wirklichkeit (zum Beispiel des eigenen Gefühlslebens), ohne sich ständig von andauernder Suggestion durch äußere Einflüsse (zum Beispiel durch Werbebotschaften, medialen Botschaften oder Botschaften aus dem eigenen Familien- und Bekanntenkreis) beeinflussen oder manipulieren zu lassen.

Die hier genannten produktiven Eigenkräfte entscheiden darüber, auf welcher Stufe der Persönlichkeitsentwicklung wir uns befinden. Sind unsere Eigenkräfte im hohen Maße ausgeprägt, so wird sich eine positive, aktivierende, sinnerfüllende, sozialisierende und energetisierende Wirkung entfalten und so ein stabiles und echtes Identitäts- bzw. Selbstwertgefühl unterstützen, welches für ein selbstbestimmtes und verantwortungsbewusstes Leben von hoher Bedeutung sein wird.

Demgegenüber steht die nicht-produktive Charakterorientierung und meint all jene Kräfte, die einer liebenden, solidarischen, empathischen, kreativen, vernünftigen und autonomen Entwicklung des Menschen erschwerend sind. Hierzu sollen die kommenden Beiträge (siehe Beitrag 1 – 7) genauere Ausführungen darstellen. Vorab möchte ich aber schon einmal einen kleinen Einblick in die Gedanken- und Gefühlswelt eines Menschen mit einer nicht-produktiven Charakterorientierung geben.

Produktive Eigenkräfte, Liebe, Vernunft, schöpferisches Tätigsein sind unverzichtbare Begleiter auf dem Weg zur reifen Persönlichkeit – was aber ist:

- Wenn wir den Kontakt zu unserem inneren Kern verloren haben und wir überhaupt nicht wissen, wer wir selber sind und welchen Sinn unser eigenes Leben hat?
- Wenn wir unseren Sinn nur darin sehen anderen Menschen zu gefallen, um von ihnen Bestätigung zu erhalten?
- Wenn wir unsere produktiven Eigenkräfte wie Liebe, Vernunft und schöpferisches Tätigsein nicht entwickeln konnten und diese verkümmert sind?
- Wenn wir uns, unseren Mitmenschen und unserer Umwelt völlig fremd und ohne eine echte Beziehung gegenüberstehen?
- Wenn uns alles unwichtig und bedeutungslos erscheint?
- Wenn wir die Verbindung zu unseren Gefühlen verloren haben und diese nicht mehr spüren können?
- Wenn wir uns wegen unserer Gefühle schämen und Angst haben dafür ausgelacht zu werden?

- Wenn wir unsere Gefühle überhaupt nicht kontrollieren können?
- Wenn wir nicht auf eigenen Füßen stehen können und von anderen Personen abhängig sind?
- Wenn wir die Hilfe und Unterstützung anderer Personen leugnen und uns einreden, dass wir niemanden brauchen?
- Wenn wir Niederlagen und Versagungen nicht ertragen können aber auch nicht in der Lage sind, uns zur Wehr zu setzen?
- Wenn wir nicht fähig sind, uns von unglücklichen Beziehungen oder Bekanntschaften zu trennen und immer an allem festhalten möchten?
- Wenn wir den Eindruck haben, dass wir uns immer viel zu schnell verlieben und uns innerhalb der Beziehungen verlieren?
- Wenn wir nach einem Beziehungsaus am Boden zerstört sind und sehr lange Zeit trauern?
- Wenn wir nicht verzeihen oder nachgeben können und sehr lange nachtragend sind, vielleicht auch niemals vergessen können?
- Wenn wir schon bei der kleinsten Kränkung aus der Haut fahren oder ständig zornig, wütend und aggressiv sind?
- Wenn wir uns ständig rechtfertigen wollen und das letzte Wort haben müssen?
- Wenn wir unsere eigenen Wünsche und Bedürfnisse nicht äußern können, diese aber auch nicht hinten anstellen möchten?

- Wenn wir ständig wütend und schlecht gelaunt sind und immer nur das Negative in Allem sehen?
- Wenn wir immer Recht haben müssen und die Ansichten anderer nicht annehmen oder anhören können?
- Wenn wir die Schuld immer bei anderen suchen und uns selber als unfehlbar darstellen?
- Wenn wir immer im Mittelpunkt stehen müssen und es kaum aushalten, wenn andere etwas Aufmerksamkeit bekommen?
- Wenn wir uns selber, aber auch andere, überhaupt nicht wertschätzen oder loben können?
- Wenn wir uns selber, aber auch andere, überhaupt nicht kritisieren, tadeln oder begrenzen können?
- Wenn wir Angst vor Ablehnung, Kritik und Nicht-Bestätigung haben und bei Rückschlägen immer gleich davon ausgehen ein Versager oder Niemand zu sein?
- Wenn wir ständig beschäftigt sein müssen und ohne Pause und Erholung von einer Sache in die Nächste springen?
- Wenn wir nicht wissen, wie wir zur Ruhe kommen und entspannen können?
- Wenn wir alles glauben und keine eigenen Ideen entwickeln können?
- Wenn wir uns immer vergleichen und so sein möchten, wie die Anderen?

- Wenn wir nicht wissen, was wir mit der Zeit anfangen sollen und uns oft langweilig ist?
- Wenn wir überhaupt nicht spontan sein können und alles immer nach Plan ablaufen muss?
- Wenn wir nicht allein sein können und immer irgendetwas tun oder irgendjemand um uns herum haben müssen?
- Wenn wir nicht kreativ sein können und Entscheidungen immer anderen überlassen?
- Wenn wir nicht in der Lage sind zu träumen, zu wünschen oder zu fantasieren?
- Wenn wir uns über Gaben, Lob oder auch Erfolge nicht erfreuen können?
- Wenn wir uns nur um das eigenes Wohl kümmern und uns die Anderen unwichtig sind?
- Wenn wir Gegenstände, Gefühle oder auch Gedanken ungern teilen und alles für uns behalten möchten?
- Wenn wir immer alles sofort haben möchten und keine Sekunde darauf warten bzw. verzichten können?
- Wenn wir die ganze Welt verbessern und stets für andere da sein möchten, ohne dabei auf uns selber zu achten?

Die Auflistung zur Innen- und Außenwelt einer Person mit stark ausgeprägten nicht-produktiven Charakteranteilen könnte mit Sicherheit noch fortgeführt werden, doch darauf sei zunächst einmal verzichtet. Jeder kann für sich selber entscheiden, was noch fehlen könnte und diese Vorstellungen mit den kommenden Beispielen zur Darstellung einer nicht-produktiven Charakterorientierung abgleichen. Ebenso möchte ich betonen, dass nicht der Gedanke vermittelt werden soll, dass wir bei einer Abarbeitung dieser Fragen den Sinn des Lebens gefunden haben und die persönliche Reifeentwicklung damit beendet ist. Genauso wenig, soll der Eindruck zurückbleiben, dass wir in eine falsche Richtung steuern oder womöglich gesundheitliche Probleme aufweisen, wenn wir uns bei dem einen oder anderen Punkt wiedergefunden haben.

Die genannten Aspekte menschlichen Verhaltens sollen einzig und allein einer kurzen Beschreibung nicht-produktiver Charakteranteile dienen und jeder muss für sich selber beurteilen, wie weit und wie stark ausgeprägt er sich innerhalb dieser Liste wiederfindet oder nicht und welche Rückschlüsse er daraus für die eigene Entwicklung und Gesundheit zulässt oder eben nicht.

2. Selbsterfahrung als (schwieriger) Weg zur Veränderung

Die Erkenntnis und das Eingeständnis der eigenen Schwäche, des Scheiterns, der eigenen Begrenzung und Unzulänglichkeit scheint heutzutage eine der schwierigsten Herausforderungen des Menschen zu sein. Wie könnte es in einer Zeit, die so rasant voranschreitet und so schnelllebig ist, auch anders sein? Schwächen, Ängste und Gefühle zu zeigen, nicht mehr mithalten und den sozialerwünschten Erwartungen und beruflichen Leistungsanforderungen nicht standhalten zu können, passt mit dem Fortschrittsdenken und Karrierestreben unserer heutigen Zeit nur wenig zusammen und ist ebenso schwer miteinander in Einklang zu bringen. Des Weiteren wird der echte Gefühlsausdruck oder die nichtangepasste Meinung, in vielen Bereichen unserer Gesellschaft, nach wie vor als Makel angesehen und sehr schnell als etwas Unangenehmes abgetan. Folglich fällt es vielen Menschen sehr schwer zu ihren wahren Absichten, aber auch Problemen und Besorgnissen zu stehen, diese offen anzusprechen, ihre Gefühle ehrlich zum Ausdruck zu bringen und eine Änderung in ihrem Leben herbeizuführen. Immer häufiger gehen wir den Weg der Kompensation, Ablenkung, Verdrängung und auch Leugnung von Schwierigkeiten und eigenen Begrenzungen und somit auch von Teilen unseres wahren Selbst.

Die mit dem ‚Scheitern' verbundenen Ängste der gesellschaftlichen Missbilligung, des Arbeitsplatzverlustes, der Ausgrenzung und der möglichen Sinnkrise, erschweren es abermals den notwendigen Mut, die hilfreiche Einsicht und die erforderliche Kraft für eine Veränderung der eigenen Situation aufzubringen. Nicht selten genug stürzen sich die Betroffenen bei Problemen und Konflikten durch ungünstige Verhaltensweisen und Entscheidungen – wie zum Beispiel bei hohem Arbeitsstress noch härter und intensiver zu arbeiten, anstatt sich zu erholen – noch tiefer in ihre Misslage, in der Hoffnung, dass schon irgendein Wunder geschehen wird und sich das Problem von selbst auflöst und sie ihr Innenleben doch noch irgendwie zum Schweigen bringen können. Doch wie lange ist der menschliche Geist und Körper in der Lage diese ‚unglückliche‘ Situation auszuhalten und wie lange bleibt die Stimme seines Inneren ruhig, falls dem überhaupt so ist und sie sich, auch wenn nur leise und scheinbar unbemerkt, nicht doch immer wieder mal zu Wort meldet?

Das Berufsleben, das Freizeitleben, der zwischenmenschliche Kontakt, der gesamte Alltag, unabhängig davon, ob wir uns gerade erholen oder aktiv sind – VIELES – ist schneller und komplexer geworden und wir Menschen rennen dieser rasanten Entwicklung akribisch hinterher. Innerhalb dieser grenzenlosen Veränderungen und Verhältnisse sind wir jedoch das schwächste Glied in der Kette, da wir für diese Art der Geschwindigkeit biologisch nicht gut vorbereitet bzw. ausgestattet sind. Um dennoch mithalten zu können, werden wir (fast zwangsläufig) dazu aufgefordert nicht-produktive Charakteranteile zu entwickeln, um nicht auf der Strecke bleiben und womöglich ausgegrenzt werden zu müssen.

Diese nicht-produktiven Charakterzüge führen immer häufiger zu einer Lebensweise, die durch einen hohen Grad an Narzissmus, Egoismus, Neid, Gier, Selbstsucht, Aggressivität, Destruktivität, Entfremdung, Entgrenzung gekennzeichnet ist und dadurch wiederrum einen nachhaltigen Einfluss auf das zwischenmenschliche Miteinander und natürlich auch auf das eigene Gefühlserleben besitzt. In welcher Form eine nicht-produktive Charakterorientierung im Detail auftritt und wie sie erkannt werden kann, soll innerhalb der kommenden Fallbeispiele aufgezeigt und besprochen werden.

Eine zusätzliche Erschwernis unserer heutigen Situation ist darin zu sehen, dass ein Erkennen einer nicht-produktiven Lebensführung und ein Erkennen von Gefühlen des eigenen Versagens oder der eigenen Schwäche durch unzählige

Kompensation- und Ablenkungsmöglichkeiten unserer Konsum- und Erlebnisgesellschaft immer wieder unterdrückt bzw. ignoriert werden kann, bis es möglicherweise zu spät ist und in einem gesundheitlichen Risiko resultiert. Das ist besonders dann der Fall, wenn es sich dabei um Verhaltensweisen handelt, denen ein gesundheitsschädigender Effekt deutlich nachgewiesen werden kann, wie zum Beispiel durch den Konsum von Alkohol- oder Nikotin, Drogen aller Art, Medikamente usw., aber auch immer häufiger, wenn der schädigende Effekt nicht so deutlich (spürbar) ist, wie es zum Beispiel beim übermäßigen TV- und Internetkonsum oder beim zwanghaften Sport- und Arbeitstreiben der Fall sein kann.

Ebenso führt die weitverbreitete Einstellung[6], dass alles schnell und reibungslos und auch noch ohne jegliche Anstrengung zu funktionieren hat, zu einer Erschwernis der Selbsterkenntnis. Wenn die Beziehung zum Partner beispielsweise zu anstrengend wird, ist es doch viel leichter, sich in ein neues Liebesabenteuer zu stürzen, als dass wir uns dazu auffordern, unser eigenes Verhalten zu hinterfragen. Oder wenn unsere persönlichen Ängste im Umgang mit anderen Menschen zu schwierig werden, ist es doch angenehmer, sich in der virtuellen Welt zu bewegen und sich dort auszutauschen. Sobald es zu anstrengend werden könnte, brauchen wir doch nur eine neue Seite im virtuellen Netz aufbauen und müssen uns somit nicht mehr mit der eigenen sozialen Unzulänglichkeit auseinandersetzen. Oder wenn wir nicht mehr in der Lage sind, uns vom ganzen Herzen zu erfreuen und ‚Glücksgefühle' zu empfinden, ist es doch immerhin noch eine schnelle Möglichkeit, sich durch bestimmte Rauschmittel ein ‚gutes' Gefühl zu verschaffen. An diesem Punkt möchte ich die Ernsthaftigkeit der ange-

---

[6] Wesentliche Gründe und Ursachen für die Herausbildung dieser weitverbreiteten Einstellung sind unter anderem dem Buch „Haben oder Sein" (1976) oder auch „Vom Haben zum Sein" (2005) von Erich Fromm zu entnehmen.

sprochenen Beispiele nicht untergraben und ebenso wenig zu pauschalen Lösungsvorschlägen antreiben, sondern vielmehr aufzeigen, dass wir uns selbst einem hohen Risiko aussetzen, Selbsterkenntnis zu vermeiden.

Selbsterkenntnis verstehe ich in dem Sinne, dass wir uns und unser Handeln (ohne Verzerrungen) objektiv und gewissenhaft hinterfragen bzw. reflektieren und bei Bedarf versuchen unser Verhalten entsprechend zu ändern. Natürlich erfordert diese Form der Lebenspraxis mehr Zeit und Anstrengung, doch wenn dem nicht so wäre, dann wäre die Zahl der ‚Unglücklichen' bzw. ‚Unzufriedenen' dem Anschein nach nicht so hoch. Doch genau für so ein Bemühen fehlt oftmals der Mut, die erforderliche Zeit und die notwendige Kraft, weil zum einen, die tatsächlichen Umstände keine freie Minute zulassen, aber oft auch, weil man für so etwas ‚Unwichtiges' keine Zeit verschwenden möchten.

Durch das ständige Verdrängen und Leugnen bestimmter Aspekte unseres Lebens und durch das wachsende Streben nach Grandiosität und Makellosigkeit wird natürlich sehr viel an Energie und Kraft verschwendet, die wir für fruchtbarere Zwecke verwenden könnten und die uns vor bestimmten Krankheiten schützen würden. Vielleicht existiert neben unserer grandiosen und perfekten, auch eine sehr verletzliche, schwache und fehlerhafte Seite und unsere Aufgabe ist es, diese verschiedenen Anteile ins Gleichgewicht zu bringen? Diese Frage soll an späterer Stelle nochmal aufgegriffen werden und einen zentralen Stellenwert erhalten.

Zusammenfassend bleibt festzuhalten, dass der erste Schritt zur Selbsterkenntnis durch äußere und innere Widerstände extrem erschwert wird. Dieser Widerstand führt oftmals zu einer Unterdrückung und Verdrängung, aber nicht Heilung, der inneren Konflikte und unterstützt zumeist die Fortführung der ‚falschen' Lebenspraxis. Doch gelingt es uns, sich diesem Widerstand nicht zu beugen, öffnen sich ganz neue Wege und Möglichkeiten für einen Wandel.

3. Selbsterfahrung als (ein) notwendiger Baustein im Lebensprozess

Die Wege der Selbsterkenntnis/Selbsterfahrung sind von unterschiedlichster Natur und in ihrer Umsetzung so verschieden, dass sie nur schwer miteinander verglichen werden können. Im Folgenden sollen nur einige Möglichkeiten der Selbsterkenntnis/Selbsterfahrung angedeutet werden:

Die einen brechen auf, um auf Reisen in fernen Ländern, verschiedene Erfahrungen zu sammeln und mit anderen Kulturen und Lebensweisen in Kontakt zu treten, die anderen entscheiden sich für eine Pilgerwanderung zu Fuß, um an ihre Grenzen zu stoßen, während weitere sich für die Praxis verschiedener Heilverfahren hingeben, um etwas über sich selber in Erfahrung zu bringen. So unterschiedlich die einzelnen Wege der Selbsterkenntnis/Selbsterfahrung, dem äußeren Anschein nach, auch sein mögen, so ähnlich sind sie sich oftmals in ihrem Inneren. Häufig geht es um Grenzerfahrungen, innerer Ruhe und Besinnung oder auch um das Kennenlernen seiner selbst, oft verbunden mit dem Wunsch eine Veränderung der eigenen Person zu initiieren.

Aktuell steigen die Variationen der einzelnen Methoden und Verfahren zur Selbsterkenntnis/Selbsterfahrung (wie zum Beispiel meditative Verfahren, Psychoanalysen, Psychotherapien, Selbsthilfegruppen, Entspannungsverfahren, Stressmanagement-Seminare, Work-Life-Balance-Workshops u.v.m.) ins Unermessliche. Grundsätzlich nutze der Mensch auch schon zu jeder Zeit und überall auf der Welt verschiedene Modelle der Selbsterfahrung/Selbsterkenntnis. Welches davon am geeignetsten und hilfreichsten ist, soll hier nicht diskutiert werden. Vielmehr gilt es, sich mit den Zielen der Selbsterkenntnis/Selbsterfahrung zu beschäftigen, um anhand dieser, die genutzte Methode objektiver beurteilen und bewerten zu können.

Laut Erich Fromm[7] (2005, S. 86) lassen sich die Ziele der Selbsterfahrung/Selbsterkenntnis wie folgt zusammenfassen:

- *Befreiung des Menschen zu sich selbst durch ein größtmögliches Gewahrwerden seiner selbst;*
- *Erreichen von Wohl-Sein, Unabhängigkeit und Liebesfähigkeit;*
- *Stärkung seines kritischen, des-illusionierenden Denkens*
- *und seines „Seins".*

Umso mehr man sich diesen Zielen nähert, desto mehr bietet sich einem die Gelegenheit den notwendigen Wandel und die ersehnte Veränderung einzuleiten, wenn man bereit ist und das sei hier besonders betont, einige ‚Opfer' aufzubringen. Die Erwartungshaltung und Einstellung, einfach mal seine Gedanken und Gefühle ins Positive ändern und das Glas immer als halbvoll zu betrachten, ist wahrscheinlich zum Scheitern verurteilt und eine viel zu einfache Herangehensweise. Selbsterkenntnis/Selbsterfahrung ist ähnlich wie das gesamte Leben, als ein sich ständig in Bewegung befindender Prozess anzusehen, der zeitlebens anhält. Dieser Prozess kann Schritt für Schritt voranschreiten, mal schneller, mal langsamer, mal zum Stehen kommen oder sogar mal einige Schritte zurück machen.

[7] Fromm, E. (2005). Vom Haben zum Sein – Wege und Irrwege der Selbsterfahrung. Ullstein Buchverlage GmbH.

Ähnlich wie für ein ‚gelingendes' Leben gibt es auch für die Selbsterfahrung/Selbsterkenntnis kein Patentrezept bzw. keine Anleitung für ihre optimale Umsetzung, da jeder Mensch einzigartig und unverwechselbar ist. Jedoch bietet sie eine gute Möglichkeit, sich mit dieser Einzigartigkeit und Unverwechselbarkeit auseinanderzusetzen, diese zu reflektieren, zu verstehen und gegebenenfalls zu hinterfragen bzw. zu verändern. Dieses Kennenlernen seiner selbst wird möglicherweise starke Ängste und Unsicherheiten auslösen und zur Flucht zurück in gewohnte Verhaltensweisen (zum Beispiel in Form von Ablenkung und Kompensation) antreiben. Nur wer bereit ist, sich diesen inneren und äußeren Ängsten bzw. Widerständen zu stellen und den Mut und die Geduld aufbringt der nackten Wahrheit ins Gesicht zu blicken, wird sich die Chance aufrechterhalten, sich selber und sein Umfeld objektiver zu verstehen. Dieses Verständnis der eigenen Situation ist ein wesentlicher Schritt für ein Herantasten an die oben angesprochenen Ziele der Selbsterkenntnis/Selbsterfahrung und damit auch für eine wohltuende und produktive Veränderung der eigenen Person.

III. Ausgewählte Beispiele zur Darstellung einer nicht-produktiven Charakterorientierung

In den kommenden Beiträgen sollen einzelne Gedanken einiger Autoren betrachtet und dargestellt werden, um ein besseres Verständnis über die nicht-produktive Charakterorientierung und deren Lebenspraxis zu erhalten. An dieser Stelle sei erwähnt, dass die Einteilungen der Beiträge nach den begrifflichen Gegensätzen *Lieblosigkeit (und Liebesfähigkeit), Entgrenzung (und Begrenzung), Entfremdung (und Bezogenheit), Destruktivität (und Wachstum), Haben (und Sein), Angst (und Freiheit) und Narzissmus (und Nächstenliebe)* auch hätte anders erfolgen können. Ebenso lassen sich die einzelnen nicht-produktiven Anteile innerhalb einer Persönlichkeit nur schwer voneinander trennen, so dass grundsätzlich in jedem Fallbeispiel, wie auch in jedem Originalwerk, liebesunfähige, entgrenzte, entfremdete, destruktive, narzisstische, ängstliche und nicht-produktive Anteile zu finden sind, die mitunter gemeinsam in Erscheinung treten. Für eine übersichtlichere und verständlichere Darstellungsweise erscheint mir die getroffene Unterteilung jedoch als nützlich und geeignet.

Die Beiträge können als kurze Zusammenfassungen meinerseits verstanden werden, bei denen ich das Ziel verfolge, anhand ausgewählter Inhalte aus den jeweiligen Originalwerken, bestimmte Antworten auf die von mir gewählten Fallbeispiele zu liefern. Diese Fallbeispiele sollen dazu dienen, einen Überblick über die verschiedenen Facetten einer Person mit einer stark ausgeprägten nicht-produktiven Charakterorientierung abzubilden. Wie sehr mir das gelingt, muss von jedem Leser selber beurteilt werden, da eine gewisse Subjektivität innerhalb der Beiträge immer mitspielt. Der verwendete Charakter namens Rainer D. und die dazugehörigen Erläuterungen und Beschreibungen seines Innen- und Außenlebens sind zum Großteil frei erfunden, aber auch Ergebnis aus eigenen Erfahrungen sowie Beobachtungen und Erzählungen aus meinem Umfeld.

Möglicherweise findet sich der ein oder andere Leser auch in einigen der Beispiele wieder – vielleicht sogar in jedem zu einem gewissen Teil. Mir selber geht es ähnlich und ich ertappe mich sehr häufig dabei, viele Gemeinsamkeiten zwischen Rainer D. und mir zu erkennen. Das ist auch bis zu einem gewissen Grad ‚normal', da jeder von uns produktive und nicht-produktive Anteile in seiner Charakterstruktur aufweist. Die Frage jedoch bleibt, wie stark die einzelnen Anteile ausgeprägt sind und in Erscheinung treten.

Die verwendete Literatur ist natürlich erweiterbar und nicht als die einzig Geeignete aufzufassen. Meines Erachtens bietet sie viele Anregungen für bestimmte Fragen zum Leben und liefert wertvolle Antworten, um die eigene Charakterstruktur und das daraus resultierende Verhalten besser verstehen zu können.

Anknüpfend an die einzelnen Abschnitte zur Darstellung der nicht-produktiven Charakterorientierung sollen die erläuterten Aspekte nochmals aufgegriffen und in einer zusammenfassenden sowie zusammenhängenden Übersicht (Kapitel IV) abgebildet werden, um einerseits die Wechselwirkung bzw. das gemeinsame Auftreten einzelner nicht-produktiver Charakteranteile aufzuzeigen; andererseits, um für Interessierte und Betroffene einen möglichen Ansatzpunkt für bestimmte Lösungswege anzubieten.

1. Lieblosigkeit (und Liebesfähigkeit)

a) Fallbeispiel

Nach langem Hin und Her entschied sich Rainer D., ein junger Mann Mitte Zwanzig, für einen Studienabbruch, um in einer neuen Stadt ein neues Studium in Angriff zu nehmen. Seiner Meinung nach passt die neu eingeschlagene Richtung mehr zu seinen Hobbies und Interessen. Er möchte nochmal ganz von vorne anfangen. Als weitere Rechtfertigung für seine Entscheidung zieht er das Argument heran, in der neuen Stadt in der Nähe seiner Mutter sein zu können, um ihr bei diversen psychischen Problemen helfend zur Seite stehen zu können. Schon vor langer Zeit wurde bei seiner Mutter eine schwere Depression diagnostiziert.

Die räumliche Distanz zwischen Rainer D. und seiner Mutter sorgt schon immer für große Schwierigkeiten zwischen den beiden, besonders dann, wenn sich die Mutter in sehr intensiven Leidensphasen befindet. Während dieser Phasen sucht sie sehr deutlich die Nähe zu ihm und fordert ihn (oft versteckt) dazu auf, sich auf den Weg zu machen, um ihren Kummer durch seine Anwesenheit etwas zu lindern. Um genau zu sein, sind die Schwierigkeiten seiner Mutter, der Hauptbeweggrund für seinen Studienwechsel, denn in der Tiefe seines Inneren hat er überhaupt keine Vorstellung davon, was er zukünftig machen möchte und welche Richtung er einschlagen soll. Hauptsache, er kann die Distanz zwischen sich und seiner Mutter gering halten, um ihre psychischen Probleme, Ängste und Sorgen irgendwie zu verringern, wann immer sie es wünscht. Er möchte ihr helfen.

In seiner Freizeit, wenig von echter Begeisterung, Freude, Interesse und Eigenantrieb begleitet, lebt Rainer D. in den Tag hinein, ohne genau zu wissen, was kommt, mit der Idee, dass sich irgendwann schon alles zum Guten wenden wird und er weiß, was er will und wo es mal hingehen soll.

Bekanntschaften und Freunde hat er viele. Frauen kennenzulernen fällt ihm wegen seiner Schüchternheit jedoch sehr schwer, es sei denn, er ist auf Partys zugegen und kann sich vorab mit ein paar Drinks etwas Mut antrinken. Dann ist er zu begeistern im Stande und recht redselig. In diesen Situationen weiß er genau, was zu tun ist, um seine ‚Beute' auf sich aufmerksam zu machen. Möglicherweise sehen die Frauen einerseits einen selbstbewussten Mann in ihm, der charmant und gefühlvoll sein kann, aber andererseits auch einen Menschen, der etwas Geheimnisvolles, Trauriges und Schwaches in sich trägt. Irgendwie besitzt er das Talent, die Neugier seines Gegenübers zu wecken und weiß, welche Worte, in welcher Situation angebracht erscheinen, vorausgesetzt er muss nicht er selber sein - der Alkohol fließt.

Am Anfang einer Beziehung ist er von seinen Schmetterlingen im Bauch wie beflügelt und zeigt sich als völlig neuer Mensch. Er ist offen, kommunikativ, freundlich, zärtlich, gelassen und zufrieden. Nichts und niemand schafft es ihn aus der Ruhe zu bringen. All seine Energie und Liebe steckt er in die Beziehung zu seiner Partnerin. Unternehmungen mit Bekannten werden zunehmend abgesagt, um die komplette Zeit mit der Partnerin, am liebsten kuschelnd und liebkosend zu Hause, verbringen zu können. An Sex hat er besonders viel Freude, davon bekommt er nicht genug.

Er tut alles, um seiner Partnerin zu gefallen und liest ihr förmlich jeden Wunsch von den Lippen ab. Das Wohlergehen seiner Partnerin wird zum obersten Ziel erklärt und alles andere gerät ins Hintertreffen. Während der Anfangszeit seiner Beziehungen ist er sehr gut darin zu geben und seine Bedürfnisse hintenanzustellen. Oberflächlich betrachtet, führt er eine funktionierende und glückliche

Beziehung, ohne Streit, Probleme und Schwierigkeiten – die rosarote Brille steht ihm perfekt.

Doch umso mehr Zeit vergeht, desto mehr bröckelt von diesem anfänglichen Gefühlshoch ab und der Anfangszauber seiner Liebe zu seiner Partnerin verschwindet von Tag zu Tag immer mehr. An sich selber bemerkt er, dass es ihm immer schwerer fällt, seine aufgebaute Fassade des verständnisvollen, selbstbewussten, ehrlichen und gefühlvollen Partners aufrechtzuerhalten, so dass sein schüchternes, ängstliches und zweifelndes Ich allmählich die Oberhand gewinnt.

Auch hier weiß er zu reagieren und macht seine scheinbaren ‚Schwächen' zu seinen ‚Stärken'. Seiner Partnerin erzählt er in dieser Phase der Beziehung immer mehr Details aus seiner schweren Kindheit, mit all den vergangenen, aber auch aktuellen Problemen in Bezug zu seiner leidenden Mutter. Er erklärt sich, warum er so ist, wie er ist und was in seiner Vergangenheit alles schief gelaufen ist. Er versteht es sehr gut, die Erzählungen wie ein schweres, trauriges und mitleiderweckendes Päckchen bei seinem Gegenüber abzuladen, mit der (oft kalkulierten) Aufforderung, ihm für seine Ehrlichkeit und Offenheit zu danken und helfend einzuspringen. Die Beziehungen werden weitergeführt, enden aber allesamt im emotionalen Chaos. Nichts geht mehr. Er hat den Boden unter seinen Füßen verloren.

b) Erich Fromm und „Die Kunst des Liebens“

In seinem Buch „Die Kunst des Liebens“ beschreibt Erich Fromm[8] (1956) die Liebe als eine Fähigkeit, für die wir etwas tun müssen, wenn wir sie wahrhaft lernen und praktizieren möchten (Fromm 1956, S. 11). Dazu formuliert er bestimmte Voraussetzungen, die für einen Lernprozess der Liebensfähigkeit unabdingbar sind. Welche Voraussetzungen das sind, soll in einem späteren Kapitel noch erwähnt werden.

Mit seiner Perspektive von der ‚erlernbaren‘ oder auch ‚entwickelbaren‘ Liebesfähigkeit räumt Fromm die heutige, so oft vertretene und irreführende Vorstellung aus, dass die Liebe ein Zustand sei, der uns einfach so in den Schoß fällt, ohne dass wir die geringste Anstrengung dafür aufbringen müssen. Noch einfacher ausgedrückt, brauchen sich zwei Menschen nur in die Augen zu schauen, so dass es Funken schlägt, sie keinen klaren Gedanken mehr fassen können und schon sprechen sie von Liebe. Die Film- und Fernsehindustrie ist voll von Beispielen dieser ‚falschen‘ Annahme von der Liebe.

Gründe für diese ‚falsche‘ Annahme findet Fromm unter anderem innerhalb der sozio-ökonomischen Bedingungen westlicher Industrienationen, deren Lebensweise zunehmend durchdrängt wird von Prinzipien des Profits und Wettbewerbs (wie zum Beispiel das Prinzip von Angebot und Nachfrage). Diese Wirtschaftsprinzipien sind mittlerweile so tief in der menschlichen Charakterstruktur verinnerlicht, dass sie unbewusst mehr oder weniger auf die Liebe übertragen worden sind. Infolge dieser Übertragung hat sich die Liebe zu einem Tauschgeschäft der eigenen ‚attraktiven‘ Eigenschaften (wie zum Beispiel Bildung, Aussehen, Einkommen, Status) gegen die ‚attraktiven‘ Eigenschaften des anderen entwickelt

---

[8] Fromm, E. (1956). Die Kunst des Liebens. München: dtv.

und sobald das anfängliche ‚Glücksgefühl' der Liebe auch nur minimal an Intensität verliert bzw. das Tauschgeschäft keinen ‚Gewinn' mehr abwirft, begeben wir uns auf die Suche nach einem neuen Partner, mit besseren und noch ‚attraktiveren' Eigenschaften (Fromm 1956, S. 14f). Diese Erkenntnis hat Fromm bereits Mitte der fünfziger Jahre formuliert und wenn wir uns aktuelle Entwicklungstendenzen genauer anschauen, so scheinen seine Analysen nichts an Aktualität eingebüßt zu haben.

Der beschriebene Charaktertypus wird in seinem Buch als *Marketing-Charakter* bezeichnet, der für sich selber, den Begriff der Liebe, als ein reines Tauschgeschäft zwischen Gebenden und Nehmenden verinnerlicht hat (Fromm 1956, S. 42). Dieses Verständnis von der Liebe scheint in gewisser Weise eines zu sein, wie es viele von uns empfinden, jedoch verhält es sich beim Marketing-Charakter in Wirklichkeit etwas anders. Zwar ist dieser in der Lage zärtlich zu sein und Gefühle zeigen zu können bzw. etwas zu geben, jedoch nur dann, wenn er dafür auch irgendetwas zurückbekommt. In der Tiefe seines Inneren fühlt er sich betrogen und gekränkt, sobald er den Eindruck gewinnt, nur noch zu geben, ohne dafür eine Gegenleistung zu erhalten (Fromm 1956, S. 42f). Diesen Eindruck bekommt er recht schnell und immer dann, wenn seine Wünsche und Bedürfnisse unbefriedigt bleiben.

Die ‚falsche' Annahme von der Liebe trifft natürlich nicht eins zu eins auf jeden von uns zu und sicherlich gibt es viele unter uns, die dazu fähig sind, wahrhafte und reife Liebe zu praktizieren. Jedoch steigt die Zahl derer, die an der ‚falschen' Annahme festhalten, immer mehr an. Infolgedessen geraten die Eigenschaften einer reifen Liebesfähigkeit immer häufiger in Vergessenheit, so dass sich das zwischenmenschliche Miteinander auch in einer ganz bestimmten Art und Weise verändert.

Im Zusammenhang mit den Eigenschaften einer reifen Liebe nennt Fromm unter anderem...

- eine ernstgemeinte *Fürsorge* für den anderen,
- ein tiefverwurzeltes *Verantwortungsgefühl* gegenüber den anderen,
- eine ehrlich empfundene *Achtung* vor dem anderen und
- ein echtes *Erkennen* des anderen (Fromm 1956, S. 48f).

Der Marketing-Charakter möchte in erster Linie seine eigenen Bedürfnisse befriedigen. Erst wenn das erledigt ist, kann er damit beginnen, sich um die Wünsche seines Partners bzw. seiner Partnerin zu kümmern.

Der zunehmende Verlust der angesprochenen Eigenschaften unterstützt den Zerfall der reifen Liebe zusätzlich, so dass wir uns (irgendwo) in einem Teufelskreis bewegen, aus dem wir uns immer seltener befreien können. Die Liebe wird immer häufiger zu einem reinen Geschäft, bei dem sich Vieles nur noch darum dreht, etwas für sich zu bekommen und es zu inneren Verstimmungen kommt, sobald man für seine ‚Opfer' keine Gegenleistung mehr erhält.

In diesem Zusammenhang stellt sich die Frage, wie nah wir unserem Gegenüber überhaupt kommen können, wenn wir in erster Linie nur damit beschäftigt sind, unsere eigenen Bedürfnisse zu befriedigen? Können wir uns wirklich auf einen anderen Menschen einlassen, so wie es die reife Liebe ermöglichen würde, wenn wir zuallererst immer nur an unseren eigenen Vorteil denken? Entfernen wir uns durch die ‚falsche' Vorstellung von der Liebe nicht sogar von unseren Mitmenschen und fällt es uns dadurch nicht immer schwerer die Bedürfnisse und Belange anderer sehen und nachfühlen zu können? An diesem Punkt stellt sich wie so oft im Leben die wichtige Frage: Was ist Liebe?

Zu seinen theoretischen Überlegungen zur Entwicklung der Liebesfähigkeit führt Fromm den Begriff des *Abgetrenntseins* ein und stellt die These auf, dass die Quelle aller Angst des Menschen in der Erfahrung des Abgetrenntseins zu finden ist (Fromm 1956, S. 21).

Am Beispiel eines Neugeborenen möchte ich versuchen die aufgestellte These etwas genauer zu untersuchen. Dieses fühlt sich nach der Geburt abgetrennt und allein, da es den bis dahin Schutz und Geborgenheit bietenden Mutterbauch verlassen musste. Daraufhin entsteht das Gefühl der Angst beim Neugeborenen, welches zum wichtigsten Antreiber kommender Lebensäußerungen werden kann und sich möglicherweise fortlebend als Angst vor Trennung und Hilflosigkeit manifestieren kann, insofern es nie reflektiert und überwunden wurde.

Die Ursachen für die Entstehung der Angst findet Fromm innerhalb der menschlichen Existenz selbst, welche dadurch gekennzeichnet ist, dass sich der Mensch seines Daseins und seiner Selbst bewusst ist (Fromm 1956, S. 20). Dieses Bewusstsein grenzt ihn stark vom Tierreich ab und drückt sich durch Fragen aus, wie zum Beispiel:

- »Was ist der Sinn des Lebens?«
- »Wer bin ich?«
- »Wohin führt mich das Leben?«
- »Was kann ich bewirken?«
- »Was möchte ich mit meinem Leben anfangen?«

Da diese Fragen nach bestimmten Antworten drängen, welche aber erst noch individuell gefunden werden müssen, entstehen zunächst einmal Gefühle der Angst, welche als Scham, Schuld, Unsicherheit, Ohnmacht u.v.m. wahrgenommen werden können. Diese Gefühle wiederum verlangen nach einer Linderung bzw. Lösung und dienen somit als Antriebsfeder für kommende Entscheidungen und Verhaltensweisen. Entgegengesetzt dazu beschäftigen sich die tierischen Lebewesen unter uns nicht mit diesen existentiellen Fragen, eben weil sie sich ihres Daseins nicht bewusst sind. Demzufolge führen sie in einem solchen Zusammenhang ein angstfreieres und unbeschwerteres Leben, während sich der Mensch zunächst unsicher, einsam und allein erlebt und er seine Abgetrenntheit erst einmal überwinden muss (Fromm 1956, S. 22).

Folglich entsteht der Wunsch nach Wiedervereinigung im Menschen. Hierbei unterscheidet Fromm verschiedene Möglichkeiten diese Wiedervereinigung zu erreichen. Um welche es sich dabei handelt, soll im Folgenden aufgezeigt werden:

1. Überwindung des Abgetrenntseins durch *orgiastische Zustände* (Fromm 1956, S. 25f), das heißt autosuggestive Trancezustände[9], herbeigeführt durch Drogen, Alkohol, Konsum jeglicher Art, sexuelle Erlebnisse usw. Diese Zustände ermöglichen eine Verringerung der Angst (zum Beispiel vor dem Alleinsein). Ihre Wirkung hält jedoch nicht dauerhaft an und das Ritual muss wiederholt werden. Die daraus entstehende Suchtproblematik soll in diesem Beitrag nicht weiter besprochen werden.

2. Überwindung des Abgetrenntseins durch die *Vereinigung mit einer Gruppe* (Fromm 1956, S. 27f), das heißt mit ihren Gedanken, Ansichten, Einstellungen und Gefühlen. Diese Vereinigung führt zur Entstehung von Konformität und Gleichheit, aber auch zu einer Verringerung von Individualität. Die entsprechenden Vor- und Nachteile von Konformität und Individualität sollen

[9] Damit sind selbstherbeigeführte und selbstbeeinflusste innerseelische und körperliche Bewusstseinszustände gemeint.

hier ebenfalls nur angedeutet werden und erfordern einer separaten Abhandlung.

3. Überwindung des Abgetrenntseins durch *schöpferisches Tätigsein* (Fromm 1956, S. 34f). Bei jeder Art von schöpferischer Arbeit vereinigt sich der schöpferische Mensch mit seinem Material. Dies gilt jedoch nur bei einer produktiven Arbeit, bei der es der Mensch ist, der plant, wirkt und auch das Resultat seiner Arbeit sieht (Fromm 1956, S. 35). Die zunehmende Verringerung von Produktivität (im Sinne einer aktiven und kreativen Tätigkeit) und die Verringerung von Mit- und Selbstbestimmung im Arbeitsprozess bis hin zur quälenden Monotonie innerhalb vieler Arbeitsbereiche sollen an dieser Stelle ebenfalls nur kurz erwähnt bleiben.

4. Überwindung des Abgetrenntseins durch die Vereinigung mit einem anderen Menschen in Form von *reifer Liebe* (Fromm 1956, S. 35f). Laut dem Autor ist die reife Liebe eine aktive Kraft im Menschen, bei der die eigene Integrität und Individualität erhalten bleibt und es zu dem Paradoxon kommt, dass zwei Menschen sich in einer bestimmten Form vereinigen, aber dennoch zwei verschiedene Wesen bleiben. Die reife Liebe ist mehr ein Geben, weil man Geben möchte, um des Gebens Wollen und weniger ein bloßes Empfangen (Fromm 1956, S. 40). Für den oben angesprochenen Marketing-Charakter bedeutet etwas zu geben auch immer gleichzeitig etwas zu verlieren. Für den liebenden (produktiven) Charakter ist das Geben (von Gedanken, Gefühlen oder Gegenständen) höchster Ausdruck des Vermögens bzw. von Stärke und bereitet mehr Freude, als das bloße Empfangen (Fromm 1956, S. 42f).

Abschließend sei hervorgehoben, dass die Fähigkeit zur reifen Liebe von der Charakterstruktur des Menschen (produktiv vs. nicht-produktiv) abhängig ist. Entscheidend dabei ist die Frage, welche Entwicklung (produktiv vs. nicht-produktiv) der Mensch genießen durfte und wie stark er sich an den angesprochenen sozio-ökonomischen Prinzipien orientiert bzw. wie stark diese innerhalb seiner Charakterstruktur verinnerlicht worden sind.

2. Entgrenzung (und Begrenzung)

a) Fallbeispiel

Der Kontakt zwischen Rainer D. und seinem Vater war in der Kindheit von wenig gegenseitigem Miteinander, gemeinsamen Gefühlen und Interessen sowie einer spürbaren Zuneigung für den anderen gekennzeichnet. Gespräche über das eigene Innenleben, über Wünsche, Träume und Ziele, sowie über Schwächen, Konflikte oder Probleme fanden sehr selten statt und wenn es doch einmal zu etwas vergleichbaren kam, verstand es die Mutter, auch wenn unbewusst, eine Annäherung der beiden, durch ihre häufigen und oft unkontrollierbaren psychischen ‚Krisen' stets zu vereiteln. Gemeinsame Unternehmungen gab es nur sehr selten und irgendwann überhaupt nicht mehr.

Rainer D., stets bemüht in der Schule nicht aufzufallen und immer die entsprechenden Anforderungen zu erfüllen, fehlte es zunehmend an Orientierung und Sicherheit. Mit sehr viel Fleiß brachte er es zu einem ordentlichen Schulabschluss und universitäre Anforderungen wusste er auch angemessen zu bewältigen. Auch dort schaffte er einen zufriedenstellenden Abschluss, so dass er am Ende alle Voraussetzungen für eine positive Gestaltung seiner Zukunft, dem äußeren Anschein nach erfüllte. Innere Zufriedenheit und Gelassenheit jedoch blieben aus.

Auch wenn er es nach außen nie wirklich zum Ausdruck bringen konnte, hatte er schon immer ein großes Bedürfnis nach Anerkennung, Wertschätzung, Halt und positiver Worte für seine Leistungen. Tief in seinem Inneren verspürt er den Wunsch, dass seine Eltern stolz auf ihren Sohn sein müssen und ihm helfend, unterstützend, liebend, beschützend und mit Rat und Tat zur Seite stehen sollten. Auch sehnte er sich nach Begrenzungen, ja sogar Tadel oder Kritik, doch seine

Sehnsüchte blieben unbefriedigt. Aus verschiedenen Gründen lebten er und seine Eltern aneinander vorbei und so wurde aus Rainer D. ein junger Mann, der nach grenzenloser Zuwendung und Anerkennung strebt, da es ihm daran schon immer fehlte. Dieses Streben kommt in zahlreichen Verhaltensweisen zum Vorschein und lässt ihn selber nie wirklich zur Ruhe finden. Immer fehlt es an irgendetwas, nie ist er richtig zufrieden, so dass ein zwanghafter Wunsch nach Lob, Harmonie und Liebe zum Charakteristikum seines tiefen Inneren wird. Jeder Mitmensch der bedingungslos lieben und seine Gefühle (vor allem ihm gegenüber) offen zeigen kann, wird von Rainer D. bewundert bis idealisiert und alle anderen, die auch nur im geringsten nicht dazu fähig sind, werden abgewertet und kritisch unter die Lupe genommen. Der eigene echte Ausdruck von liebevollen Gefühlen (zum Beispiel in Form von Zärtlichkeit oder Hingabe) fällt ihm aber schwer.

Rainer D. besaß schon immer einen starken Drang bzw. ein starkes Bedürfnis sich Berauschen und Beleben zu lassen. In seiner Kindheit sind es der Fernsehkasten und zahlreiche Computerspiele, welche diesem Bedürfnis stets und ständig Abhilfe leisten. Später werden es diverse Veranstaltungen und Partys, bei denen er Alkohol konsumieren kann, um einerseits Frauen kennenlernen zu können und andererseits, um so sein Inneres zum Schweigen zu bringen und doch noch etwas Spaß, Freude und auch Anerkennung in Form von »Schaut her, hier bin ich« verspüren zu können.

Irgendwann, vielleicht auch schon parallel zu den bisher genutzten Kompensationsmöglichkeiten, entdeckt er die virtuelle Welt mit seinen schnell verfügbaren Kontakten und der Möglichkeit sich selber ein ganz neues Persönlichkeitsprofil erstellen zu können. Ein paar Klicks reichen aus und er muss nicht mehr er selber sein. Es genügen ein paar grandiose Worte über seine Person und tolle Bilder, wo er schon überall war und was er alles schon erlebt hat, um unzählige

‚Gefällt-mir-Klicks' zu erhalten. Er versteht es gut mit seiner neu konstruierten Persönlichkeit und dem dazugehörigem Profil zu überzeugen.

Zurückblickend betrachtet, setzte sich sein ‚äußeres' Leben schon immer aus ständigen Partys mit endloser Trunkenheit, sentimentalen TV-Sendungen von A bis Z, Computerspielen diverser Art und zahlreichen sozialen Netzwerken zusammen, während sein ‚inneres' Leben jedoch durch Gefühle der Ohnmacht, Versagung, Scham und vielen Ängsten, Unsicherheiten und Zweifeln gekennzeichnet blieb.

Irgendwann verschwindet er komplett aus der realen (Gefühls-)Welt und ist nur noch vor dem animierenden, belebenden, inspirierenden Monitor anzutreffen. Er möchte nichts mehr mit den ‚negativen' Seiten des Lebens zu tun haben und alles Schmerzhafte ausblenden. Seine Form der Tagesgestaltung bzw. Lebenspraxis geht sehr lange ‚gut' – vielleicht zu lange?

b) Rainer Funk und „Der entgrenzte Mensch“

In seinem Buch „Der entgrenzte Mensch – Warum ein Leben ohne Grenzen nicht frei, sondern abhängig macht“ beschreibt Rainer Funk[10] (2011) einen zunehmenden Verlust menschlicher Eigenkräfte durch eine sich immer schneller entwickelnde Entgrenzung des Menschen mit Hilfe von gemachtem Vermögen. Bevor die daraus entstehenden Risiken für das eigene Wohlergehen besprochen werden sollen, erscheint es mir zunächst einmal notwendig, die Begriffe *Entgrenzung* und *gemachtes Vermögen* genauer zu betrachten und auch nochmals auf die *menschlichen Eigenkräfte* einzugehen.

Für eine Veranschaulichung des Entgrenzungsbegriffs möchte ich mich folgenden Inhalten des Autors anschließen: Unsere heutige Lebensweise ist in vielen Bereichen durch eine immer stärker in Erscheinung tretende Entgrenzung gekennzeichnet. Distanzen, die vor vielen Jahren noch zu Fuß oder mit der Kutsche zurückgelegt wurden und somit mehrere Stunden, Tage oder auch Wochen bedeuteten, legen wir heute in einem Flugzeug oder in einem Schnellzug in sehr kurzer Zeit zurück. Sämtliche Informationen und fast alles, was man zu einem bestimmten Thema wissen möchte, können wir heute mit einem mühelosen Knopfdruck erhalten, während es früher in vielen Gebieten noch notwendig war, dafür eine gewisse Anstrengung aufzubringen. Abmachungen, Regeln, Traditionen, moralische und ethische Wertvorstellungen oder auch Konventionen unterschiedlichster Art, an die sich unsere Eltern noch zu halten hatten, können heute frei ausgehandelt und vereinbart werden. Vieles ist zum Gegenstand freier Vereinbarungen erklärt worden. Sogar die Begrenztheit unserer Wirklichkeit wird

[10] Funk, R. (2011). Der entgrenzte Mensch – Warum ein Leben ohne Grenzen nicht frei, sondern abhängig macht. München: Gütersloher Verlagshaus.

zunehmend überwindbar, zum Beispiel durch eine immer rasantere Entwicklung von Simulationstechniken und Virtualisierungsmöglichkeiten. Das hat zur Folge, dass es zusehends schwieriger wird, zwischen Realität und Scheinwelten, wie sie beispielsweise in virtuellen Welten stattfinden, unterscheiden zu können. Ebenso bleibt die Begrenzung unserer eigene Persönlichkeit und die damit verbundenen Art und Weise unseres Denkens, Fühlens und Handelns von dieser grenzenlosen Entwicklung nicht unberührt. Ein Leben ohne jede Vorgabe, Maßgabe und Berücksichtigung von Grenzen wird – ohne es kritisch zu hinterfragen – immer häufiger zum Ideal des eigenen Daseins erklärt.

Die Grenzen unserer Persönlichkeit stehen in einem engen Zusammenhang mit der Begrenztheit unserer menschlichen Eigenkräfte. Anknüpfend an Erich Fromm[11] (1947, S. 56f) zählen zu diesen menschlichen Eigenkräften, wie eingangs bereits erwähnt (Kapitel II), jene körperlichen, psychischen und geistigen Fähigkeiten, welche den Menschen frei und unabhängig von fremden Kräften leben lassen. Diese Eigenkräfte befähigen ihn, aus seinem Eigentümlichen heraus zu schöpfen, so dass er in der Lage ist, selber zu denken, selber zu fühlen, sich selber zu bewegen, selber zu wollen und auch selber aktiv zu sein, ohne sich dabei von äußeren Hilfsmitteln abhängig zu machen (Funk 2011, S. 144f).

- *Körperliche Eigenkräfte* sind zum Beispiel die Muskelkraft, die Beweglichkeit oder die Fähigkeit zur Fortbewegung.

- *Geistig-intellektuelle Eigenkräfte* können zum Beispiel die Merk- und Denkfähigkeit, das Handlungswissen oder die Fähigkeit zur Fantasie sein

[11] Fromm, E. (1947). Psychoanalyse und Ethik. Bausteine zu einer humanistischen Charakterologie. München: dtv.

- und zu den *psychischen Eigenkräften* zählen zum Beispiel die Fähigkeit lieben, vertrauen oder zärtlich sein zu können (Funk[12] 2005, S. 129).

Diese Eigenkräfte sind natürlich von unseren Bindungs-, Entwicklungs- und Beziehungserfahrungen abhängig. Sie dienen als verinnerlichte Antriebskräfte zur Lebensbewältigung bzw. Lebensgestaltung und können ihre Wirksamkeit als Eigen- und Antriebskräfte nur dann entfalten, wenn wir sie immer wieder einüben und praktizieren (Funk 2011, S. 145). Werden sie von uns nicht genutzt, so können wir sie auch nicht optimal entwickeln und ihre energetisierende, sowie aktivierende Wirkung geht verloren. In solchen Fällen ist die Gefahr bzw. der Reiz besonders hoch, sich durch gemachtes Vermögen beleben und animieren zu lassen, was wiederum einen Verlust der menschlichen Eigenkräfte unterstützt.

Kurzum, unsere menschlichen Eigenkräfte unterliegen einer gewissen Begrenzung, da sie verkümmern, sobald wir sie nicht nutzen und gebrauchen. Demzufolge ist unser menschliches Vermögen deutlich vom gemachten Vermögen zu unterscheiden.

Gemachtes Vermögen ist stark vom Gebrauch von Dingen wie zum Beispiel Maschinen, Digitalisierungs-, Vernetzungs- und Medientechniken, Steuerungsmodulen, Leitfäden, Ratgebern usw. abhängig und verbraucht demnach vielmehr Energie, statt diese zu erzeugen (Funk 2011, S. 146). Für den ersten Moment fühlen wir uns vielleicht voller Kraft, Begeisterung, Interesse und Elan, doch über einen längeren Zeitraum hinweg, kehren sich diese anfänglichen ‚Glückserlebnisse' in ihre gegenteilige Wirkung um.

---

[12] Funk, R. (2005). Ich und Wir – Psychoanalyse des postmodernen Menschen. München: dtv.

Oberflächlich betrachtet, besitzt gemachtes Vermögen den ‚Vorteil', dass es die menschlichen Begrenzungen zu überschreiten imstande ist und wir uns sozusagen nicht mehr mit unseren überschaubaren menschlichen Fähigkeiten und dem dazugehörigen ‚einfachen' Leben auseinanderzusetzen brauchen. Oftmals reicht uns ein einfacher Klick aus, damit wir uns belebt, animiert, inspiriert, unterhalten oder stimuliert fühlen und alles ‚Negative' in Vergessenheit geraten kann. Unser Eintauchen in virtuelle Welten scheint vergleichbar mit einem *Doping der Seele* (Funk 2011, S. 139f), auf das wir heutzutage – zum Beispiel durch Smartphones in der Hosentasche – jederzeit und allerorts zurückgreifen können.

Neben dem angesprochenen energieraubenden Effekt existieren weitere negative Begleiterscheinungen einer zunehmenden Entgrenzung durch gemachtes Vermögen. Ein permanentes Abtauchen in virtuelle Welten birgt langfristig das Risiko, nur noch das ins Bewusstsein gelangen zu lassen, was sich positiv, lustvoll und angenehm anfühlt und alle anderen Gefühle (wie zum Beispiel der Enttäuschung, Versagung, Angst, Ohnmacht, Zweifel, Begrenzung, Unzulänglichkeit, Einsamkeit, Schwäche, Wut, Aggression u.v.m.) abzuspalten und auszublenden (Funk 2011, S. 166f). Diese verleugnende *Selbstblendung* mag auf subjektiver Ebene für Entlastung und auch für kurze Ruhephasen sorgen, jedoch verschwinden diese Gefühle nicht gänzlich, so dass sie in irgendeiner Art und Weise (bewusst oder unbewusst) tief im Inneren weiter wirken, das Leiden bestehen bleibt und möglicherweise sogar anwächst.

Hier reagieren wir als Mensch oft mit projektiven Verhaltensweisen, das heißt wir übertragen die eigenen Defizite und aufkommenden Gefühle auf unsere Mitmenschen, um sie dort (und eben nicht bei uns selber) bekämpfen zu können. Diese Form der unbewussten Problembewältigung, sorgt (bestenfalls) für eine oberflächliche Lösung und kann Auslöser weiterer Problematiken sein. Beispielsweise wird durch eine Verlagerung der eigenen Probleme nach außen der

Umgang untereinander und das Zusammenleben miteinander zunehmend negativ belastet (Funk 2011, S. 162f). Bezugnehmend auf die eingangs beschriebene produktive und nicht-produktive Charakterorientierung (Kapitel II), wird der zwischenmenschliche Kontakt und das eigene Gefühlserleben in eine nicht-produktive Richtung beeinflusst und somit die Beziehungskultur innerhalb unserer Gesellschaft nachhaltig geprägt.

Weiterhin führt eine Bevorzugung von gemachten Vermögen (zum Beispiel in Form von virtuellen Welten) zu einer Verkümmerung folgender wichtiger *Ich-Funktionen* der menschlichen Psyche (Funk 2011, S. 166f).

- Die *Fähigkeit der Realitätsprüfung* – gemeint ist die Fähigkeit, zwischen Virtualität und Realität unterscheiden zu können (Funk 2011, S. 181).
- Die *Ambivalenzfähigkeit* – gemeint ist die Fähigkeit, andere Menschen und die Wirklichkeit um einen herum, sowohl positiv als auch negativ, befriedigend als auch versagend, beglückend als auch beängstigend wahrnehmen und erleben zu können (Funk 2011, S. 183).
- Die *Frustrationstoleranz* – gemeint ist die Fähigkeit des Ichs, die Enttäuschung einer Erwartung oder die Versagung eines Wunsches ertragen, tolerieren und aushalten zu können (Funk 2011, S. 185).

Diese Ich-Funktionen (und viele weitere) haben einen maßgeblichen Einfluss auf das innerseelische Gleichgewicht und somit auch auf das eigene Wohlbefinden. Eines der auffälligsten Merkmale des entgrenzten Menschen ist seine Unfähigkeit etwas ‚Anstrengendes', ‚Negatives' oder ‚Schlechtes' geduldig aushalten zu können. Viel zu oft fühlt er sich gekränkt, wenn er in Situationen gerät, in denen er seine eigenen Bedürfnisse hinten anstellen und eine Versagung aushalten muss. Für diese Lebenspraxis fehlen ihm einfach die notwendigen menschlichen Eigenkräfte und somit gelangt der entgrenzte Mensch in vielen kleinen Situationen des Lebens an seine Grenzen. Das Leben besteht eben nicht nur aus angenehmen und schönen Aspekten, wie es in virtuellen Welten oftmals dargestellt wird, so dass es für unsere Entwicklung förderlich sein kann, wenn wir uns mit unseren ‚negativen' Gefühlen auseinandersetzen und (wieder) lernen diese anzuerkennen.

Der virtuelle Mensch kreiert und konstruiert sich seine Identität je nach Wunsch und Bedarf und möchte dabei alles Negative von sich weisen. Tief im Inneren erlebt und fühlt er sich jedoch antriebslos, leer und in einer gewissen Art und Weise auch nicht als echt bzw. authentisch, eben weil bestimmte Eigenkräfte verkümmert sind. Der Mangel an inneren Antriebskräften (das heißt an Interesse, Aktivität, Kreativität, Liebe, Verantwortung, Vertrauen, Fantasie, Gestaltungswille usw.) bleibt ihm selber (unglücklicherweise) viel zu oft unbemerkt, da er viel zu häufig auf gemachtes Vermögen zurückgreift und damit die Problematik der eigenen Identitätskrise verschärft. Folglich kann ein ständiges Doping der Seele durch gemachtes Vermögen in vielerlei Hinsicht zu einer gesundheitsgefährdenden Suchtproblematik führen, da sich der entgrenzte Mensch nicht mehr anders zu helfen weiß (hierzu auch Funk 2011, S. 178f).

Der entgrenzte Mensch schöpft nicht mehr aus seinem inneren Kern, sondern muss sich von äußeren Dingen füllen lassen, um jemand sein und um etwas fühlen zu können. Dieser Mangel an echter Identität besitzt auch einen einschränkenden Einfluss auf die Entwicklung seiner Liebesfähigkeit. Um dies zu verstehen, bedarf es einiger weiterer Erläuterungen.

Wie bereits ausführlich gezeigt werden konnte, weiß der entgrenzte Mensch tief in seinem Inneren eigentlich nicht, wer er wirklich ist, was er kann und wie er selber zu sich stehen soll. In der Vergangenheit, meist schon sehr früh in den ersten Kinderjahren, musste er viel zu oft ohne Vorgaben, Regeln, Richtlinien und auch Begrenzungen zurechtkommen, so dass bereits an diesem Punkt seiner Entwicklung der Grundstein für eine Verkümmerung wichtiger Eigenkräfte (wie zum Beispiel die der eigenen Liebesfähigkeit) gelegt wurde. Ein Erziehungsstil, der ohne Begrenzung operiert und von Verwöhnung und übertriebener Fürsorglichkeit gekennzeichnet ist, soll beispielhaft für eine solche Entwicklung stehen. Möglicherweise wurde der entgrenzte Mensch in diesem Falle mit Zuwendung, Bestätigung und Liebe seitens der Eltern überhäuft, ohne ihm dabei aufzuzeigen, wo seine eigenen Begrenzungen liegen. Immer hatte er Recht, immer erhielt er die volle Aufmerksamkeit und Zuneigung, immer stand er im Mittelpunkt des Interesses, immer bekam er das, was er haben wollte und nie wurde er für sein Verhalten getadelt, kritisiert oder zurechtgewiesen. Alles Schmerzhafte hat man versucht von ihm fern zu halten, so dass der Heranwachsende, neben seiner Unterentwicklung wichtiger Ich-Funktionen, im weiteren Entwicklungsprozess erhebliche Schwierigkeiten bekommen wird, sein zukünftiges Leben selbstständig gestalten zu können.

Außerdem bleibt die Frage offen, ob es sich bei der erbrachten Liebe und Fürsorge seitens der Eltern um echte Gefühle handelte oder ob sie damit selber nur etwas kompensieren wollten? Auf eine Erörterung dieser Frage sei an diesem Punkt verzichtet.

Kinder besitzen einen großen Wunsch nach Zuneigung, Aufmerksamkeit und Liebe und versuchen diesen Wunsch entsprechend zu realisieren. Hier liegt es an den Eltern, diese natürlichen Bedürfnisse zu begrenzen, ohne dabei die Entwicklung des Kindes und seine menschlichen Eigenkräfte (bzw. Ich-Funktionen) zu behindern.

Der frühzeitig erlittene Mangel an Begrenzung führt oftmals dazu, dass der Betroffene ein Selbst entwickelt, das mit dem zwanghaften Wunsch nach grenzenloser Liebe weiterleben muss und stets und ständig bemüht ist, die Zuwendung und Bestätigung von seinen Mitmenschen zu erhalten (hierzu auch Funk 2011, S 213f). Da er schon immer die volle Aufmerksamkeit erhalten hat, kann er natürlich im weiteren Verlauf seines Lebens nur schwer darauf verzichten. Ebenso hat er es gelernt, wie wichtig die Bestätigung von außen ist, um die eigene innere Leere zu füllen. Um diesem zwanghaften Bedürfnis nach Liebe nachzukommen, sind ihm nahezu alle Mittel und Strategien recht. Um welche Strategien es sich dabei handelt, soll im Abschnitt zum Thema *Narzissmus* noch besprochen werden.

An dieser Stelle möchte ich das Problem der eigenen Liebesunfähigkeit des entgrenzten Menschen hervorheben. Jede Person, die bedingungslos lieben kann, Herzlichkeit und Wärme ausstrahlt, echt und authentisch ist und bei der sich der entgrenzte Mensch geborgen und sicher fühlt, wird von ihm idealisiert und wertgeschätzt, während alle anderen, denen auch nur ein Hauch von diesen Eigenschaften fehlt, konsequent abgewertet und gemieden werden. Nur wenn jemand bereit bzw. fähig ist, ihm von dieser bedingungslosen Liebe etwas abzugeben, erhält derjenige auch etwas von ihm zurück, so dass wir auch hier wieder zu dem bereits oben angesprochenen Zerfall der Liebe[13] hin zu einem Tauschgeschäft zwischen zwei Menschen zurückkommen müssen. Der entgrenzte Mensch kann eben nur ‚lieben', wenn er dafür etwas zurückbekommt.

Zusammenfassend möchte ich festhalten, dass der Zerfall der reifen Liebe und die Verkümmerung der eigenen Liebesfähigkeit, als wichtige menschliche Eigenkraft, oftmals schon im frühen Kindesalter beginnt und durch eine Entwick-

[13] Hierzu auch „Die Kunst des Liebens" von Erich Fromm (1956).

lung, ohne die Einhaltung notwendiger Grenzen, eher unterstützt wird, statt gefördert, wie oftmals falsch behauptet. Das weitere Leben der Betroffenen kann dadurch einen sehr schmerzhaften und problematischen Verlauf erhalten und das, was später oftmals als Liebe dargestellt und empfunden wird, erweist sich bei genauerer Betrachtung vielmehr als eine bestimmte Form der Abhängigkeit (von Bestätigung und Anerkennung aller Art).

3. Entfremdung (und Bezogenheit)

a) Fallbeispiel

Rainer D. beschreibt sich selber als einfühlsamen und verständnisvollen Menschen, der sich in die Gefühls- und Gedankenwelt seines Gegenübers gut hineinversetzten kann. Bis zu einem gewissen Grad scheint dieses Bild von sich selber auch der Wirklichkeit zu entsprechen, doch darum soll es zunächst einmal nicht gehen. Vielmehr gilt es seine nicht-produktiven Charakteranteile darzustellen, um anhand dieser, bestimmte Risiken für sein Wohlergehen ableiten zu können.

Stets und ständig kommt sein feines Gespür für die Belange anderer zum Ausdruck, unabhängig davon, ob es sich dabei nun um Freundschaften oder beiläufige Bekanntschaften handelt. Durch feine Beobachtungen und gezielte Fragen, ist er im Stande die Gedanken und Bedürfnisse, aber auch die Schwachpunkte, Probleme und Konflikte seiner Gesprächspartner zu erkennen und anzusprechen. Dadurch erzeugt er eine bestimmte Form des Vertrauens und der andere öffnet sich immer mehr. Helfend und unterstützend steht Rainer D. in einer solchen Situation als Ratgeber und Trostspender zur Verfügung. Auf alle Belange hat er eine passende Antwort parat und weiß immer die richtigen bzw. gewünschten Worte zu finden.

Selber begreift er sich als helfender und verstehender Mensch, was er natürlich auch nach außen zeigt und kommuniziert. Jeder kann zu ihm kommen und für jedermann hat er ein offenes Ohr. Besonders stark kommt sein Helfersyndrom zur Geltung, wenn er neue und interessante Frauen kennenlernt. Sofort fährt er seine sensiblen Antennen aus, um irgendein wichtigen Anhaltspunkt über die Person aufzuschnappen, der ihm möglicherweise irgendwann nützlich sein könnte. Grundsätzlich legt er sich besonders ins Zeug, wenn er sich durch ein paar beipflichtende Worte einen Vorteil versprechen kann. Fehlt dieser Vorteil oder ist er für ihn nicht sofort zu erkennen, verhält er sich weniger freundlich und hilfsbereit, eben weil in dieser Situation kein ‚Gewinn' bzw. ‚Vorteil' für ihn herausspringt.

Beobachtet man ihn etwas genauer, dann fällt auf, dass sich seine fürsorgliche Art irgendwie nicht mit seinem inneren Empfinden deckt. Er fühlt sich kraft- und energielos, leer aber auch voller Anspannung, Zerrissenheit und abwertender Gedanken. Sehr oft verspürt er eine unterschwellige Wut auf sich selber und auf seine Gegenüber, die er stets und ständig zu kontrollieren bzw. zu unterdrücken versucht. Häufige Stimmungsschwankungen bestimmen seinen Wochenrhythmus. Heute hui, morgen pfui – aber nichts Konstantes ist erkennbar.

Im gleichen Atemzug wie er die Frage stellt: »Warum schaust du so traurig und niedergeschlagen, was ist passiert?«, fühlt er eine aufsteigende Aggression, die zu platzen droht und ihm die Worte zuflüstert: »Ich halte das alles nicht mehr aus, lass mich mit deinem Scheiß in Ruhe und komm damit alleine klar. Hör verdammt nochmal damit auf, mich mit Deinem Kram zu belasten!« Diese Gedanken machen ihm Angst. Er schluckt sie innerlich runter, schiebt sie beiseite und sagt zu seinem Gegenüber: »Ich kann Dich gut verstehen, jetzt komm erst einmal zur Ruhe, setzt dich hin und erzähl mir alles ganz genau. Ich weiß, wie es dir geht.« Selber empfindet er seine Freundlichkeit und Fürsorglichkeit gespielt und aufgesetzt.

Im Inneren fühlt sich Rainer D. unter Menschen wie ein Fremder bzw. Außenseiter, ohne einen echten Kontakt zu den anderen. Er beobachtet und studiert das Verhalten seiner Mitmenschen, bastelt sich seine Interpretationen über deren Art zu leben zu recht und ist davon überzeugt, verstanden zu haben warum sich

Menschen in den unterschiedlichsten Situationen, mal so und mal so verhalten. Er versteht sich als Menschenkenner und ist davon überzeugt, zu wissen, wie es im Leben funktioniert und was draußen in der Welt los ist. Doch sobald er beispielsweise unvermittelt und ohne Vorwarnung auf der Straße angesprochen wird, um Auskunft über den Weg zu geben oder er sich im Zug mit fremden Personen eine Sitzreihe teilen muss und es möglicherweise zu einem spontanen Gespräch kommen könnte, überschlagen sich seine Gedanken und Gefühle intensiver Angst und Unsicherheit breiten sich in ihm aus. Mal sind diese Gedanken und Gefühle sehr schwach, so dass er den Mut aufbringen kann sich in irgendeiner Form angemessen zu verhalten. Häufig gelingt es ihm aber nicht, seine aufsteigenden Ängste unter Kontrolle zu bringen, so dass er sich wie gelähmt fühlt und aus der Situation nur noch entfliehen möchte. In solchen Momenten fühlt er sich sehr unsicher, irgendwie beschämt und hat große Sorge etwas falsch zu machen. Sein Äußeres erhält zwar eine lächelnde freundliche Maske, doch hinter seiner Fassade fühlt er sich wie ein kleines, ängstliches und eingeschüchtertes Kind, dass mit der Situation nicht umgehen kann. Er mag keinen spontanen zwischenmenschlichen Kontakt.

Fragt man seine Freunde oder seine Familie danach, was sie über ihn denken, so fallen die Antworten alle samt positiv aus. Keiner kritisiert oder empfindet etwas anstrengend an ihm. Doch bei genauerer Betrachtung der getroffenen Äußerungen fällt auf, dass trotz der positiven Einschätzungen, bei einer Vielzahl der Personen auch eine gewisse Ratlosigkeit zu erkennen ist. Auf die Frage nach dem wahren Ich von Rainer D., wer er denn wirklich ist, können viele keine klare Antwort abgeben und einige kommen sogar ins Zweifeln. Er ist zwar jemand, zu dem man immer gehen kann, der immer hilfsbereit ist und der nie Probleme verursacht, doch andererseits auch irgendwie nicht greifbar ist. Keiner weiß, was er wirklich denkt und wie er tatsächlich fühlt, wo seine Interessen liegen und was ihm Freude bereitet. Mal richtig wütend, traurig, begeistert oder voller Tatendrang und Freude, so kennt ihn niemand. Er sich selber auch nicht.

b) Erich Fromm und „Authentisch leben“

In seinem Buch „Authentisch leben“ greift Erich Fromm[14] (2000), wie in vielen weiteren seiner Werke, sehr gezielt und tiefgründig wichtige Aspekte eines selbstbestimmten, autonomen und produktiven Lebens auf. Im Fokus seiner Ausführungen stehen die Entwicklung des modernen Menschen und der damit verbundene Ersatz seines *ursprünglichen Selbst* durch ein *Pseudo-Selbst*. Genauer formuliert, beschreibt er einen Ersatz ursprünglicher Akte des Denkens, Fühlens und Wollens durch Pseudo-Akte des Denkens, Fühlens und Wollens und vergleicht das nun dargebotene Selbst des entfremdeten Menschen als ein Akt des Schauspielens (Fromm 2000, S. 92f, S. 108f). Dieses Schauspiel ist nach außen oftmals nur schwer zu erkennen, wirkt in der Tiefe jedoch weiter und besitzt einen maßgeblichen Einfluss auf das innerseelische Gleichgewicht bzw. Wohlergehen der Betroffenen.

Was der Autor mit diesem Akt des Schauspielens meint, möchte ich im Folgenden versuchen zu beschreiben: Der entfremdete Mensch schlüpft in viele verschiedene Rollen und ist stark davon überzeugt, innerhalb dieser Rollen ganz er selbst zu sein. Sich selber begreift er als echt und authentisch, doch in Wirklichkeit ist er in fast allen dieser Rollen fremdgesteuert und nur das, was von ihm erwartet wird. In vielen Fällen wird sein ursprüngliches Selbst durch die Entwicklung des Pseudo-Selbst völlig überdeckt. Jedoch kann sein ursprüngliches Selbst nicht komplett abgespalten werden, so dass es auf verschiedene Wege immer wieder ins Bewusstsein zurückfindet. Zum Beispiel meldet sich unser ursprüngliches Selbst oftmals wieder zu Wort, wenn wir betrunken sind oder

[14] Fromm, E. (2000). Authentisch leben. Freiburg im Breisgau: Herder GmbH

wenn wir träumen und fantasieren. Gefühle und Gedanken, die wir schon lange Zeit nicht mehr gehabt haben, können innerhalb dieser Zustände zum Ausdruck kommen. Vieles davon fühlt sich schlecht und negativ an, einiges beschämt uns und bereitet uns sogar Angst, so dass wir damit nichts mehr zu tun haben möchten, denn nicht umsonst haben wir versucht, es schon vor langer Zeit abzuspalten und zu verdrängen. Mitunter handelt es sich bei unserem ursprünglichen Selbst aber auch um das Beste und Schönste in uns, dass wir unterdrückt haben, weil wir irgendwann mal dachten, dass wir dafür kritisiert, ausgelacht oder angegriffen werden können (Fromm 2000, S. 108).

Doch warum versucht der entfremdete Mensch bestimmte Anteile seines Selbst abzuspalten und warum schlüpft er unbewusst immer wieder in verschiedene Rollen? Was treibt ihn an, sich immer weiter von seinem inneren Kern zu entfernen und warum beginnt er damit seine innere Stimme zu ignorieren?

Eine mögliche Ursache wurde bereits in dem Beitrag zur Liebesunfähigkeit der nicht-produktiven Charakterorientierung gegeben. Der nicht-produktive Charakter bzw. hier der entfremdete Charakter versucht sich und sein Persönlichkeitspaket gewinnbringend und erfolgreich einzusetzen, um gut anzukommen und um jemand sein zu können. Gelingt es ihm nicht, aus seinen ‚positiven' Eigenschaften (wie zum Beispiel Aussehen, Bildung, Status) einen Vorteil herauszuschlagen, so bekommt er sehr schnell das Gefühl ein Versager oder ein Niemand zu sein.

Ebenso muss die zum Verkauf stehende Persönlichkeit einen Großteil ihres Gefühls der eigenen Würde verlieren (Fromm 2000, S. 110). Das heißt, um nicht von der Norm abzuweichen und es so zu machen, wie es viele tun, muss der entfremdete Charakter das Gefühl für sich selbst verlieren: ein besonderes, einzigartiges und liebendes Wesen zu sein. Je deutlicher und intensiver er das tut, desto mehr klammert er sich an sein erzeugtes Pseudo-Selbst, welches sich jedoch nicht auf echte Erfahrungen (im Fühlen, Denken und Wollen) gründet, sondern vielmehr auf entfremdete Erlebnisse (ohne eine echte Beziehung und einen echten Kontakt zu sich, seinen Mitmenschen und seiner Umwelt) zurückzuführen ist (hierzu auch Fromm 2000, S. 83f). Das daraus resultierende Gefühl der Ohnmacht und instabile Identitätserleben zwingt die Betroffenen, sich abermals anzupassen und weiter mit dem Strom zu schwimmen (Fromm 2000, S. 110).

Doch wie lange gelingt es dem entfremdeten Menschen, sein dargebotenes Pseudo-Selbst aufrechtzuerhalten, um ein nach außen hin ‚normales' Leben abzubilden? Wann fängt das Pseudo-Selbst an die ersten Risse aufzuweisen? Für eine mögliche Antwort dieser Frage möchte ich den Begriff des *Gesundheits-Gewissens* einführen. Hinter der Fassade von Zufriedenheit und Optimismus des entfremdeten Menschen, bahnt sich immer wieder mal sein inneres Gesundheitsgewissen den Weg zurück in seine Erinnerung. Dies geht mit der stillen Aufforderung einher, es endlich mal anders zu machen und mehr auf sich und sein eigenes Wohl zu achten, ohne stets darauf fixiert zu sein, was von anderen gewünscht oder belohnt werden könnte.

Insgeheim erinnert uns unser Gesundheits-Gewissen daran, dass wir ‚anders' sein möchten und dass es wichtig ist, das wir uns unsere Besonderheit und Individualität bewahren (Fromm 2000, S. 82). Jedoch rücken unsere menschlichen Eigenkräfte (wie zum Beispiel Selbstvertrauen, Mut, Glaube, Gewissheit usw.), welche dieses ‚Andersein' ermöglichen könnten, auf Grund der zunehmenden Entfremdungsdynamik, immer mehr in den Hintergrund. Viel zu oft verlieren wir den Zugang zu unserem inneren Kern und damit auch unser feines Gespür dafür, uns als einzigartig, unverwechselbar aber auch als schwach und verletzlich, wahrzunehmen.

In erster Linie möchten wir funktions-, anpassungs- und leistungsfähig sein, weil uns das in einer ähnlichen Form auch immer so vorgelebt wurde. Menschliche Züge in Form von Gefühlen (wie zum Beispiel Angst, Wut, Freude) sind für diese Art zu leben eher hinderlich, so dass diese ‚Barrieren' abgespalten oder ignoriert werden (müssen), um weiterhin voranschreiten, mithalten und besser sein zu können oder auch einfach nur um dazugehören zu dürfen.

Wie bereits aufgezeigt werden konnte, verspürt der entfremdete Mensch ein tiefes Ohnmachtsgefühl (Fromm 2000, S. 110). Dieses Gefühl äußert sich in einer zunehmenden Unfähigkeit, die notwendigen Anstrengungen und die erforderliche Verantwortung aufnehmen zu können, um das eigene Leben zu beeinflussen, zu verbessern bzw. zu verändern. Eine mögliche Ursache hierfür lässt sich (ähnlich wie bei den Erläuterungen zum entgrenzten Menschen) innerhalb der frühkindlichen Entwicklung des entfremdeten Menschen finden. Diese Entwicklung ist zunehmend von einem *Nichternstnehmen* des Kindes gekennzeichnet und zeigt sich einerseits in einer *Vernachlässigung* und *schlechten Behandlung*, aber andererseits auch in einer *Verwöhnung* und *Verzärtelung* des Kindes (Fromm 2000, S. 132f), mit der Folge, dass sich wichtige menschliche Eigenkräfte nicht entwickeln können.

Der tiefe Glaube an die eigene Verantwortung für das Leben und der dazugehörige Mut Entscheidungen zu treffen, sind nur einige dieser wichtigen Eigenkräfte. Diese geraten auf Grund des angesprochenen Nichternstnehmens des Kindes immer mehr aus dem Gleichgewicht. In besonders schwierigen Fällen haben die Betroffenen die Einstellung und Überzeugung verinnerlicht, dass sie in ihrem Leben selber nichts beeinflussen, nichts in Bewegung setzen oder durch den eigenen Willen erreichen können. Sie sind fest davon überzeugt, dass sie in vielen Lebenslagen nicht ernstgenommen werden und für andere Menschen nur Luft sind (Fromm 2000, S. 13).

Die daraus resultierenden inneren Konflikte besitzen einen negativen Einfluss auf das psychische Wohlergehen. Neben depressiven Erscheinungen (und vielen anderen psychischen Leiden) als extreme Auswirkungen, können auch ‚mildere' Varianten von innerer Unruhe, Frustration, Traurigkeit, Angespanntheit, ständiger Gereiztheit, aggressivem Verhalten o.Ä. Folge dieser entfremdeten Entwicklung sein.

An diesem Punkt möchte ich einen kurzen Ausflug zu einem weiteren Werk Erich Fromms[15] machen, welches in diesem Zusammenhang wichtige Erkenntnisse liefert. In seinem Buch „Wege aus einer kranken Gesellschaft" (1955) beschreibt Fromm den Zustand der Depression als Unfähigkeit, irgendetwas fühlen zu können. Die Betroffenen scheinen innerlich tot zu sein, während ihr Körper noch am Leben ist. Ebenso sind sie nicht in der Lage, Freude zu empfinden, geschweige denn auszuleben, genauso wie es ihnen schwer fällt, Traurigkeit zu entwickeln und diese zum Ausdruck zu bringen. Ein depressiver Mensch wäre höchst erleichtert, wenn er traurig oder fröhlich sein könnte, doch die Unfähigkeit der Betroffenen überhaupt nichts zu fühlen, macht die Depression zu einem unerträglichen Zustand (Fromm 1955, S. 174).

Wie gesagt, soll es sich dabei nur um einen kurzen Ausflug handeln. Bei Interesse empfiehlt es sich, das Buch zur Hand zu nehmen. Kommen wir zurück zur aufgegriffenen Entfremdungsdynamik und deren Folgen für die Betroffenen. Hinter vielen psychischen Leiden (wie zum Beispiel die der Depression) versteckt sich natürlich auch bei der entfremdeten Charakterorientierung die Gefahr, die auftretenden Symptome durch gemachtes Vermögen zu ignorieren. Hierzu zählt Fromm Vergnügungen aller Art, wie zum Beispiel dem Rausch des

[15] Fromm, E. (1955). Wege aus einer kranken Gesellschaft. Eine sozialpsychologische Untersuchung. München: dtv.

Alkohols, dem Nervenkitzel des Sports oder die ständige Betrachtung der aufregenden Erlebnisse fiktiver Personen auf der Leinwand (Fromm 2000, S. 82).

Durch diese Kompensationsstrategien wird das Problem vielleicht für kurze Zeit vergessen und möglicherweise entsteht auch in einer bestimmten Form so etwas wie kurzweiliger Spaß, Begeisterung oder Antrieb. Dennoch sind diese Zustände nicht mit einer grundsätzlich verinnerlichten Lebensfreude zu vergleichen, sondern vielmehr von vorübergehender Dauer geprägt, so dass das Problem nach einem Abklingen des ‚Glücksgefühls' sehr schnell wieder auftritt.

4. Destruktivität (und Wachstum)

a) Fallbeispiel

Rainer D. besaß schon immer die Fähigkeit große Anstrengungen und Mühen auf sich zu nehmen, um für seine Freunde und Mitmenschen nach außen hin ein tolles und glattes Funktionieren darzustellen. Schon während seiner Schul- und Studienzeit hat er es immer sehr schnell erfassen können, was notwendig ist, um die geforderten Aufgaben und Verpflichtungen erfolgreich zu bewältigen. Er versteht es schon lange Zeit sehr gut, sich so anzupassen und das zu machen, was von ihm abverlangt wird und was für ein tadelloses und sozial erwünschtes Verhalten charakteristisch ist.

Während seiner Schul- und Studienzeit ist er immer akribisch genau vorbereitet, auch wenn keine Anforderungen in Form von Prüfungen oder Vorträgen anstehen. Im Fußballverein holt er bei jeder Trainingseinheit immer alles aus sich heraus, auch wenn es mal etwas lockerer zugehen könnte. In seiner Freizeit geht er immer einer Geschäftigkeit nach, auch wenn alle Verpflichtungen und Termine erledigt sind. Sich einfach mal ausruhen, entspannen und nichts tun kommt bei ihm nur ganz selten vor. Er holt stets und ständig sein ‚Bestes' aus sich heraus und ist immer mit vollem Einsatz sowie Fleiß und Eifer dabei. Er möchte perfekt sein und ist stark davon eingenommen, dass er sich keinen Fehler erlauben darf, nicht einmal einen Kleinen.

Neben dem dauerhaft hohen Stresspegel, ausgelöst durch sein Streben nach Perfektionismus, gibt es noch einen weiteren wichtigen Punkt der in diesem Zusammenhang erwähnt werden muss. Dabei handelt es sich um das Problem, dass nichts von dem bisher Genannten bzw. nur äußerst wenige seiner Handlungen, für Bewegung und Aktivität tief in seinem Inneren sorgen. Nach außen ist er zwar stets bemüht und fleißig, doch innerlich ist er nicht richtig bei der Sache. Echte Freude, Begeisterung und Bezogenheit (zu den Dingen, die um ihn herum geschehen) sind schon sehr lange verschwunden.

Nicht einmal spätere familiäre Schicksalsschläge können einen echten Gefühlausdruck in ihm auslösen. Selbst wenn er es wollte, würde es ihm sehr schwer fallen einen echten Kontakt zu seinen Emotionen herstellen zu können. Innerlich ist er gefühl- und leblos, so dass nach außen keine Spur von echter Trauer und emotionaler Erregung zu erkennen ist. Er versteht es perfekt, auch wenn er das selber gar nicht bemerkt, alles Schmerzhafte und Negative von sich zu weisen und eine mögliche Verarbeitung der Geschehnisse durch einen intensiven Gefühlsausdruck zu vermeiden. Seine Gefühle bereiten ihm große Angst, er möchte mit ihnen nichts zu tun haben.

Etwas anders reagiert er auf den Verlust bzw. das Ende einer Partnerschaft. In einem solchen Fall ist er am Boden zerstört und könnte nur noch weinen, traurig sein und seinen Schmerz in aller Form zur Schau stellen. Doch hier muss er später für sich erkennen, dass hinter diesem Verhalten andere Beweggründe bzw. Motive stecken als echte Trauer und echter Schmerz über den Verlust eines Menschen – aber dazu an späterer Stelle mehr.

Nach einem Erfolgserlebnis, wie zum Beispiel einer bestandenen Prüfung an der Universität oder einem gewonnenem Fußballspiel am Wochenende, kann er sich nie richtig entspannen, geschweige denn Stolz auf seine eigene Leistung sein. Es sei denn, er hat die beste Bewertung erreicht oder das entscheidende Tor selber erzielt und so der Mannschaft zum Sieg verholfen. Doch auch in diesen Situationen, empfindet er zunehmend weniger Freude und Entspannung. Permanent ist er gewillt, das Haar in der Suppe ausfindig zu machen und ständig dabei, sich innerlich mit negativen, abwertenden und schlechten Gedanken fertig zu machen. Er hätte ja noch länger und noch intensiver lernen können oder er hätte noch mehr laufen und Einsatz zeigen sollen. Er hätte einfach noch mehr machen und aus sich herausholen müssen. Wie kann er es nur wagen, sich so wenig vorzubereiten und am Abend zuvor nicht früh genug ins Bett gegangen zu sein. Wie kann er es wagen, sich in der einen Spielsituation nicht freigelaufen zu haben. Er ist ein Versager und ein absoluter Niemand und selber schuld daran, dass er nichts auf die Reihe bekommt. Die erzielten Tore des Gegners sind sowieso viel schöner als seine Eigenen – redet er sich ein.

Um seinen destruktiven Gefühlen und Gedanken nicht komplett ausgeliefert zu sein und um zu verhindern, dass diese weiter an die Oberfläche gelangen, sucht er sich stets neue Ablenkungs- und Kompensationsmöglichkeiten in Form von Beschäftigungen aller Art. Er hat das Gefühl, als müsste er immer irgendetwas machen. Einfach mal Innehalten und für einen Moment verharren, ist ihm ein völlig unangenehmes Verhalten und löst tiefe Schuldgefühle in ihm aus.

Um sich dennoch in irgendeiner Form ‚entspannen' zu können, greift er zur Zigarette und auch immer häufiger zum Alkohol. Das scheinen Momente zu sein, in denen er zur Ruhe kommen kann, so dass er nach dem unbewussten Motto lebt – ein Problem ‚gelöst', sofort ein neues Problem erschaffen. Nach einer gescheiterten Beziehung fällt es ihm besonders schwer, die aufkommenden Gefühle (wie zum Beispiel das Gefühl des Allein-Seins oder der Kränkung) zu ertragen, so dass er sich schnellstmöglich eine neue Partnerin suchen muss. Gelingt ihm das nicht auf Anhieb oder ist es ihm zu anstrengend, so kehrt er in die alte Beziehung zurück, unabhängig davon, was vorgefallen ist, geschweige denn, wie er empfindet. Hauptsache er muss nicht – mit seinen Gefühlen – alleine bleiben.

So wenig Freude und Wertschätzung er für seine eigenen Leistungen und Erfolge aufbringen kann, genauso wenig positive Gedanken hat er für seine Mitmenschen übrig. Es gefällt ihm nicht und er fühlt sich unwohl, wenn andere Personen gute Laune haben und von schönen Dingen in ihrem Leben berichten. Er versteht es perfekt, auch wenn ihm das ebenfalls nicht bewusst ist, durch kleine Äußerungen, Bemerkungen oder auch Blicke das ‚Gute' bzw. ‚Schöne' der Anderen abzuwerten und kaputt zu machen.

Selber fühlt er sich bei grauem Regenwetter besser, als bei strahlendem Sonnenschein. Auf seine Mitmenschen ist er sehr neidisch und in Gesprächen wird er oft ironisch, sarkastisch und zynisch. Sein Humor ist ebenfalls von sehr viel Ironie, Sarkasmus und Zynismus geprägt. Unglücklicherweise wird diese Art an ihm auch immer wieder bestätigt und in vielen Fällen findet er sogar Anhänger für seine Lästerattacken und verbalen Seitenhiebe.

b) Erich Fromm und „Die Seele des Menschen"

Das Buch „Die Seele des Menschen – Ihre Fähigkeit zum Guten und zum Bösen" von Erich Fromm[16] (1964) steht in einer engen Verbindung zu dem Werk „Die Kunst des Liebens" (1956). Während es in Letzterem vordergründig um die Liebesfähigkeit des Menschen geht, liegt der Fokus in diesem Werk, wie es der Titel schon erahnen lässt, bei der Fähigkeit des Menschen, sich für das Gute bzw. das Böse zu entscheiden. Doch welche Faktoren und Einflüsse entscheiden darüber in welche der beiden Richtungen wir uns entwickeln werden? Was macht uns grundlegend gut oder schlecht, oder können wir sogar beides in uns wiederfinden? Um einer Antwort dieser so wichtigen Fragen näher zu kommen, bedarf es eines tieferen Blickes in das Wesen des Menschen. Hierzu möchte ich zunächst einmal mit der Frage beginnen, was das überhaupt sein soll – das Wesen des Menschen?

Ähnlich wie das Tier strebt der Mensch nach einer Erfüllung lebensnotwendiger Bedürfnisse, wie zum Beispiel denen nach ausreichender Nahrung, genügendem Schlaf, Fortpflanzung und Sicherheit. Der wesentliche Unterschied jedoch zur tierischen Existenz ist einerseits im Bewusstsein seiner selbst zu ergründen. Andererseits unterscheiden wir uns vom Tier durch unsere Fähigkeit im Einklang mit der Natur, das heißt mit unseren Wurzeln leben zu können, aber auch, durch unsere Fähigkeit, und hier liegt der wesentliche Unterschied, sich von dieser Verbundenheit trennen und sich über diese hinwegsetzen zu können (Fromm 1964, S. 182f). Folglich sind wir das einzige Lebewesen, das sich mit der Natur eins fühlen und sich gleichzeitig von diesem Verbundensein loslösen kann.

---

[16] Fromm, E. (1964). Die Seele des Menschen. Ihre Fähigkeit zum Guten und zum Bösen. München: dtv.

Unsere Fähigkeit, die Verbundenheit mit unseren Wurzeln auflösen zu können, lässt Gefühle der Isoliertheit und des Allein-Seins in uns aufkommen, eben weil wir uns abgetrennt haben. Fromm beschreibt diesen Widerspruch bzw. Konflikt zwischen Verbundenheit und Isoliertheit als *das Wesen des Menschen* (Fromm 1964, S. 131). Dieser Widerspruch führt uns auf verschiedene Wege, um dort nach Antworten zu suchen.

Wie bereits gezeigt werden konnte, ist der Mensch der Schöpfer und Gestalter, der seine Isoliertheit und sein Allein-Sein überwinden kann. Hierzu wurden bereits die verschiedenen Möglichkeiten angesprochen, mit denen wir unsere Abgetrenntheit überwinden können. Dabei handelt es sich um die Überwindung des Abgetrenntseins durch orgiastische Zustände oder schöpferisches Tätigsein, durch Verbundenheit zu einer Gruppe oder einem anderen Menschen in Form von reifer Liebe. Für ein besseres Verständnis empfiehlt es sich nochmal im Kapitel *Lieblosigkeit (und Liebensfähigkeit)* nachzulesen.

Bei der gesamten Betrachtung zur Seele des Menschen lassen sich zwei grundlegende Orientierungen bzw. Lebenspraktiken unterscheiden. Auf der einen Seite haben wir *die regressive (nicht-produktive) Orientierung* und auf der anderen Seite *die progressive (produktive) Orientierung*. Eine ähnliche Unterteilung wurde bereits im Kapitel II vollzogen und soll an dieser Stelle mit weiteren Erläuterungen versehen werden.

Zur progressiven Orientierung gehören jene Faktoren des *Wachstumssyndroms* (Fromm 1964, S. 18), dass sich…

- aus *der Liebe zum Lebendigen*,
- aus *der Liebe zum Menschen* und
- aus seiner *Unabhängigkeit* zusammensetzt.

Die regressive Orientierung beinhaltet drei nicht-produktive Phänomene, die der bösartigsten und gefährlichsten Form menschlicher Orientierungen zuzuweisen sind und als *Verfallssyndrom* zusammengefasst werden können (Fromm 1964, S. 18).

Hierzu zählen…

- *die Liebe zum Toten,*
- *der bösartige Narzissmus* und
- *die symbiotisch-inzestuöse Fixierung.*

Diese nicht-produktiven Anteile innerhalb einer Charakterstruktur sind mögliche Gründe dafür, dass der Mensch fähig ist, um der Zerstörung willen zu zerstören und um des Hasses willen zu hassen (Fromm 1964, S. 18). Im Folgenden sollen die drei regressiven Charakteranteile etwas genauer dargestellt werden:

Die Liebe zum Toten ist eine *nekrophile Charakterorientierung*, die dadurch gekennzeichnet ist, dass die Betroffenen dem Leben ohne ein echtes Gefühl und ohne eine echte Bezogenheit gegenüberstehen und ihr Hauptinteresse allem Nicht-Lebendigen und Mechanischem gewidmet ist. Der nekrophile Mensch wandelt alle Lebensprozesse, alle Gefühle und Gedanken in Dinge um, die er besitzen möchte. Er lebt permanent in der Vergangenheit, hat Angst vor der Zukunft und für ein produktives Erleben der Gegenwart fehlen ihm einfach die notwendigen menschlichen Eigenkräfte. Innerlich orientiert er sich ausschließlich an seinem Haben und nicht an seinem Sein (Fromm 1964, S. 38f). Lebensfreude, Wachstum im Sinne einer produktiven Lebensweise und alles Unsichere, Kreative und Spontane werden bereits im Keim erstickt bzw. dürfen erst gar nicht entstehen. Große Genugtuung erlebt der nekrophile Mensch, wenn er Leben zerstören kann. Hierzu zählen auch schon ‚mildere' Abstufungen der Zerstörung und Gewaltanwendung wie zum Beispiel neidvolle, stark zynische, abwertende oder ironische Verhaltensweisen, die nicht sofort bzw. direkt erkennbar sind.

An dieser Stelle sei hervorgehoben, dass aggressive, zerstörerische und gewaltvolle Verhaltensweisen, unabhängig davon, ob diese nun verbal oder körperlich bzw. direkt oder indirekt erfolgen, keine dem nekrophilen Menschen, von den äußeren Bedingungen aufgezwungene, vorübergehende Handlungen sind, sondern vielmehr eine bestimmte Art sich lebendig zu fühlen (Fromm 1964, S. 37).

Eine ebenso lebensverneinende und -zerstörende Eigenschaft besitzt der *bösartige Narzissmus*. Hierbei handelt es sich um eine Charakterorientierung, die von einem Mangel an echtem Interesse für seine Außenwelt gegenzeichnet ist. Alles was zählt, ist die eigene Person. Alles was nicht dazugehört, ist weniger wert und schlecht (Fromm 1964, S. 78f). Diese Einstellung gegenüber seiner Außenwelt ist natürlich eine stark verzerrte, führt zu einer Überschätzung der eigenen Person und zur Abwertung von allem außerhalb seiner Selbst.

Jegliche Form der Kritik wird als feindselige Attacke aufgenommen und verärgert den narzisstischen Menschen. Die Stärke seiner Verärgerung lässt sich nur ganz verstehen, wenn man bedenkt, dass der narzisstische Mensch ohne eine echte Beziehung zur Welt steht und ohne einen echten Kontakt zu seinen Mitmenschen lebt. Diese Lebenspraxis lässt ihn allein zurück und erzeugt Gefühle der Angst, welche er wiederum mit seiner narzisstischen Selbstaufblähung und Überbetonung seiner eigenen Person zu kompensieren versucht (Fromm 1964, S. 79). Eine detailliertere Darstellung zur narzisstischen Charakterorientierung soll im späteren Verlauf noch aufgezeigt werden.

Die dritte Komponente des Verfallssyndroms bildet die *symbiotisch-inzestuöse Fixierung*. Hierbei handelt es sich um eine nicht-produktive Charakterorientierung, bei der es nie richtig gelungen ist, sich emotional von seinen Bezugspersonen zu trennen bzw. loszulösen. Demnach bleibt der Betroffene in einer bestimmten Form der Abhängigkeit gefangen (Fromm 1964, S. 110). In erster Linie ist das Objekt der Bindung die eigene Mutter. In vielen Fällen kann diese Bindung aber auch auf die eigene Familie, den eigenen Verein, das eigene Volk oder auf die eigene Rasse übertragen werden. Demzufolge werden nur die als vollwertige Menschen angesehen, die von gleichem Blut sind oder die gleichen Ziele und Interessen verfolgen. Jeder Mensch, der andere Vorstellungen vom Leben vertritt, wird als Fremder angesehen, als jemand, der anders ist. Als Ergebnis dieser einseitigen Lebenseinstellung bleibt sich der Betroffene selber fremd, da er die Menschheit nur in verkrüppelter bzw. eingeschränkter Form erlebt. Nur die Ansichten, die durch die eigene Gruppe repräsentiert werden, sind lebenswert und alles andere verliert an Bedeutung und Wichtigkeit. Folglich bleibt der Erfahrungshorizont des abhängigen Menschen wegen seiner Intoleranz auf einem geringen Niveau und sein Leben verläuft recht eintönig.

Des Weiteren beeinträchtigt die inzestuöse Fixierung, abhängig vom Ausprägungsgrad der Regression, die Fähigkeit der Betroffenen zu lieben (Fromm 1964, S. 118). Gemeint ist hier die Fähigkeit zur bedingungslosen Liebe, wie sie bereits im Kapitel *Lieblosigkeit (und Liebesfähigkeit)* definiert wurde. Was von den Betroffenen oftmals als Liebe angepriesen wird, erweist sich bei genauerer Betrachtung vielmehr als eine Form der Abhängigkeit.

Es sei darauf hingewiesen, dass nur bei einer kleinen Anzahl von Menschen eines dieser beiden Syndrome (Verfallssyndrom oder Wachstumssyndrom) vollständig ausgeprägt ist. Der Großteil befindet sich höchstwahrscheinlich irgendwo zwischen den beiden Extremen und besitzt sowohl Anteile des einen, wie auch des anderen Syndroms. Entscheidend für das eigene Wohlergehen und auch für das zwischenmenschliche Miteinander bleibt, wie stark wir selber auf dem einen bzw. auf dem anderen Pfad voranschreiten und welche der beiden Orientierungen überwiegt.

An dieser Stelle möchte ich schon einmal einen kleinen Exkurs wagen, wie es möglich sein kann, die verschiedenen Charakteranteile wieder ins Gleichgewicht zu bringen. Hierzu soll der Begriff der *Entscheidungsfreiheit* eingeführt werden, da dieser in einem engen Zusammenhang mit einer produktiven Lebenspraxis steht.

Der Verlauf bzw. die Richtung der eigenen Lebenspraxis (zum Guten oder zum Bösen; progressive vs. regressive; produktive vs. nicht-produktive Orientierung) hängt sehr stark von der Ausprägung der eigenen Entscheidungsfreiheit ab. Gemeint ist die Fähigkeit, sich unabhängig und frei für etwas zu entscheiden, ohne dabei von äußeren und inneren Widerständen fremdbestimmt zu sein. Hierzu sei gesagt, dass die Entscheidungsfreiheit mitunter von unbewussten Neigungen bzw. Kräften gesteuert wird – was die Frage nach der Existenz einer echten Entscheidungsfreiheit aufkommen lässt. Möglicherweise können wir an Entscheidungsfreiheit hinzugewinnen, sobald wir beginnen, unsere eigenen unbewussten Neigungen und Kräfte besser verstehen zu lernen. Wie zu Beginn ausführlich aufgezeigt werden konnte, ist innerhalb der Selbsterfahrung/Selbsterkenntnis, in welcher Form auch immer, eine hilfreiche Methode zu sehen, sich selber und sein Unbewusstes besser kennenzulernen. Dieses neu dazugewonnene Wissen kann hilfreich sein, die eigene Abhängigkeit aufzudecken, um somit wiederum das eigene innere ‚Gefängnis' schrittweise verlassen zu können.

Noch genauer formuliert, würde das bedeuten, dass die Determiniertheit unserer Charakterstruktur durch Selbsterfahrung/Selbsterkenntnis im Zusammenspiel mit harter Anstrengung durchbrochen werden kann, so dass wir uns die Möglichkeit bewahren, unabhängig über unser Leben entscheiden zu können. Diese menschliche Eigenkraft ermöglicht uns ein freieres und autonomeres Leben, so dass wir nicht mehr Sklave unseres eigenen Egos bleiben müssen.

Jemand, der sich nur durch die Nutzung von gemachtem Vermögen (wie zum Beispiel Besitz und Reichtum oder technischen Errungenschaften) lebendig fühlt, sich immer wieder betrinken muss, um etwas Freude und Ruhe genießen zu können oder nur mit Hilfe einer Zigarette entspannen kann oder bei Schwierigkeiten in virtuelle Welten abtauchen muss, um Kontakt zu haben, scheint ein tiefes Problem mit der eigenen Entscheidungsfreiheit zu haben. Selber weiß er ganz genau, auch wenn ihm das vielleicht nicht direkt bewusst ist, dass seine Problembewältigung, keine wirkliche ist und er sich eigentlich vielmehr schädigt und selber etwas vormacht, als dass er sich wirklich etwas Gutes tut. Dennoch fehlt ihm genau in den entscheidenden Situationen, die notwendige Kraft, die er bräuchte, um sich gegen seine spontanen Impulse entscheiden zu können. So ist seine Entscheidung für das eine, eigentlich keine frei getroffene, sondern vielmehr ein Zwang, der ihn beispielsweise immer wieder zum schnellen Rauschzustand oder zu einer Flucht in Scheinwelten drängt, sobald es ein Problem geben könnte.

Auf Grund seiner nicht-produktiven Entwicklung mit den dazugehörigen Erfahrungen (die hier aus Platzgründen nicht aufgezählt werden können), hat der regressive Mensch an irgendeinen Punkt seiner Entwicklung den Kontakt zu sich selber verloren. Die damit verbundene Verhärtung seiner Gefühlswelt soll ihn vor weiteren Enttäuschungen schützen. Ob ihm das tatsächlich gelingt, kann angezweifelt werden. Vielmehr nimmt sein Leben den Verlauf, dass er sich in späteren Situationen immer wieder falsch entscheiden wird und sich sein Herz daraufhin weiter verhärten wird.

Irgendwann gelangt er an den Punkt, dass er überhaupt nicht mehr in der Lage ist, eine Entscheidungen zu treffen, so dass er nicht mehr auf äußere ‚Beruhigungsmittel' verzichten kann und von diesen abhängig wird. Sein Verstand weiß ganz genau, was vernünftig, richtig und auch gesund wäre, trotzdem trifft er immer wieder die ‚falschen' Entscheidungen. Seine Charakterstruktur ist schon zu tief von nicht-produktiven Anteilen durchdrängt, so dass er innerlich eben nicht mehr frei ist. Vollkommen unbemerkt und unbewusst wird er immer wieder dazu ‚gezwungen', sich destruktiv gegenüber sich selber und seinen Mitmenschen zu verhalten.

5. Haben (und Sein)

a) Fallbeispiel

Nichts anderes scheint Rainer D. so sehr anzutreiben und in einen Bann zu ziehen, wie die Suche nach dem Sinn des Lebens. In diesem Zusammenhang stößt er sich gedanklich immer wieder an ein und denselben Fragen, so dass er auch hier nicht wirklich zur Ruhe finden kann. Im Folgenden sollen nur einige dieser Fragen aufgezeigt werden:

- »Wer bin ich?«
- »Was kann ich bewirken?«
- »Warum fühle ich mich innerlich so leer?«
- »Warum habe ich so viel Angst?«
- »Warum war meine Vergangenheit so schlecht?«
- »Was bringt mir die Zukunft?«
- »Was oder wer möchte ich mal werden?«
- »Wie kann ich glücklich sein?«
- »Warum bin ich so, wie ich bin?«
- »Was ist ein gutes Leben?«

In seinem Kopf spielt er diese Fragen immer wieder durch. Er liest Texte, Ratgeber und Schriften über das Leben, er beobachtet seine Mitmenschen, er analysiert, interpretiert deren Verhaltensweisen und er sucht und sucht immer weiter nach noch besseren Antworten – doch es kommt zu keiner spürbaren Veränderung und Entwicklung in ihm selbst. Die erlangten Antworten stellen ihn nicht zufrieden, seine Gedanken bleiben theoretische Gebilde und sein inneres Empfinden wird nicht berührt. Es kommt zu keinem Wachstum, da ihm die praktische Erfahrung fehlt, so dass er trotz aller Theorie zum Sinn des Lebens unsicher und unzufrieden zurückbleibt.

So sehr er davon überzeugt ist, die Verhaltensweisen seiner Mitmenschen zu verstehen, sowenig Erklärungen hat er für sich selber parat. Im Inneren hat er überhaupt keine Ahnung davon, wer er selber ist und was er von seinem Leben erwarten kann. Fragt man ihn danach, so ringt er nach Antworten und verstrickt sich gedanklich ausschließlich in seiner Vergangenheit. Laut eigener Angabe war früher alles furchtbar und von sehr viel Kummer und Leid gekennzeichnet. Er hat große Probleme über etwas Positives und Schönes aus seinem Leben zu berichten, da er tief davon durchdrungen ist, dass das Leben etwas Anstrengendes und Leidvolles ist, das man auszuhalten hat und man gut beraten ist, stets und ständig misstrauisch und vorsichtig gegenüber seinen Mitmenschen zu sein.

Es gelingt ihm sehr oft, durch seine ‚schweren' Worte Gehör bei seinem Gegenüber zu erzeugen. Immer wieder wiederholt er sich, doch bei genauerer Betrachtung ist von echter Trauer und von echtem Schmerz keine Spur. Vielmehr liegt ein Hauch von Wut und Aggression in der Luft. Er redet und redet und man hört ihm weiter zu.

Er braucht die Bestätigung von außen (zum Beispiel in Form von Mitleid und Mitgefühl), denn dadurch schafft er es, nicht ernsthaft hinter seiner eigenen Fassade schauen zu müssen. Ebenso erfolgreich ist er darin, die Aufmerksamkeit von sich wegzulenken, sobald seine echten Gefühle berührt werden könnten. Das wird dann besonders deutlich, wenn er seine aufkommende Traurigkeit spürt und sich seine Augen mit Tränen füllen könnten. Dann lenkt er das Gespräch oder die Situation automatisch in eine komplett andere Richtung. Dazu ist ihm fast jedes Mittel recht, um irgendwie das Thema zu wechseln und von sich abzulenken. In der Regel schafft er das recht mühelos, am einfachsten und schnellsten, indem er die Fehler, Probleme und Schwächen seiner Mitmenschen thematisiert.

Von nun an, heißt es...

- »Hast du schon gehört, was die schlimmes gemacht haben?«
- »War ja klar, dass bei denen so etwas passiert.«
- »Wie konnte er/sie nur so einen Fehler machen?«
- »Was ist nur los mit denen?«
- »Hast du die mal gesehen, die sind echt sonderbar?«
- »Er/Sie hat schon wieder nichts auf die Reihe bekommen.«

Nur die Allerwenigsten kommen gut weg bei seinen ‚Ablenkungsmanövern'. Er lästert, er bewertet, er entwertet, er dramatisiert, er erfindet, er redet hinter dem Rücken, er täuscht, aber in erster Linie lenkt er von sich selber ab. Bedauerlicherweise bemerkt er von alledem nur recht wenig.

Für die Öffentlichkeit gibt sich Rainer D. sehr bescheiden. Seiner Meinung nach braucht er keinen Luxus, keinen Wohlstand, kein Geld, kein teures Smartphone, keine funkelnde Uhr, kein schnelles Auto, keine abenteuerlichen Reisen o.Ä. und behauptet, dass er auch mit sehr viel weniger bzw. mit nichts von dem Genannten auskommen würde.

Begibt er sich auf eine Reise, möchte er aktiv sein und so viel wie nur möglich erleben und an Erfahrungen sammeln. Zu der Wahl seines Berufes sagt er, dass es ihm viel wichtiger ist, Freude, Schaffensdrang und Kreativität zu verspüren, als einem festen Einkommen hinterherzulaufen, um sich dadurch möglicherweise etwas Sicherheit zu garantieren. Auch achte er bei der Wahl seiner Partnerin nicht auf deren Äußeres oder bei dem Beginn einer Bekanntschaft nicht auf den Status, das Ansehen oder die Kompetenz der auserwählten Person. Außerdem bevorzugt er eher wenige, aber dafür tiefe und feste Freundschaften, anstelle unzähliger, beiläufiger Bekanntschaften. Unabhängig davon, ob das der Wahrheit entspricht oder nicht, beschreibt er sich selber als einen tiefgründigen, ehrlichen, gewissenhaften und nicht oberflächlichen Menschen, der den kleinen Dingen im Leben viel Bedeutung zukommen lässt.

Bei genauerer Betrachtung seiner Person, verhält es sich ein wenig anders und man bekommt ein etwas anderes Bild von ihm. Es wird deutlich, dass Rainer D. akribisch genau seine Finanzen berechnet, nur selten Trinkgeld gibt, ein Schuldenkonto (zum Beispiel von seinen Freunden) führt oder er sich belächelt, wenn die Kassiererin ihm zu viel Wechselgeld zurückgibt. Ebenso fällt auf, dass er auf Reisen unbedingt seinen Computer mitnehmen muss, um für den Fall der Fälle durch ein paar Klicks der aufkommenden Langeweile entfliehen zu können. »Film rein, Alltag raus.« Des Weiteren geht ohne seine Kamera überhaupt nichts bei ihm. Keine Reise endet ohne tausende von Bildern und mehr, denn nur dann kann er von seinen Erlebnissen berichten. »Ohne Bilder, keine Erlebnisse, ohne Erlebnisse keine Reise, ohne Reise nichts Interessantes – schnell hin da, ich muss noch ein Foto schießen.« Spricht man ihn genauer auf seine Arbeitsstelle an, so hört man eine gewisse Unterforderung, Langeweile, Monotonie und ein Gefühl fehl am Platz zu sein heraus. »Sicheres Einkommen, Ja – einen Neuanfang wagen, Nein Danke.« Soziale Netzwerke sind ihm sehr wichtig. Facebook-Freunde hat er viele, doch wehe eine Freundschaftsanfrage wird nicht bestätigt oder seine Freundesliste ist aus unerklärlichen Gründen um einen Freund geschrumpft. Das bedeutet große Unsicherheit für ihn. Mit seiner Freundin zeigt er sich gerne und sehr oft. »Schaut mal alle her, hier ist meine Trophäe, mein glänzender Pokal.«

Irgendwie entspricht sein Verhalten nach außen hin nicht seinen Äußerungen, geschweige denn, seinen eigenen Idealvorstellungen. Die Diskrepanz zwischen seiner Innen- und Außenwelt wird zunehmend größer und immer unerträglicher. Er fühlt sich unsicher und weiß einfach nicht, was er denken, entscheiden und machen soll. Die Fragen zum Sinn des Lebens tauchen in diesen Momenten verstärkt auf.

Im Inneren verspürt Rainer D. eine große Angst, etwas zu verlieren, unabhängig davon, ob es sich dabei nun um Gegenstände, Gedanken oder Gefühle handelt. Er möchte alles für sich behalten und auf keinen Fall etwas davon teilen, denn würde er das machen, dann müsste er aus sich herauskommen und etwas von sich und seinem wahren Innenleben preisgeben. Nach außen möchte er aber hart bleiben und spielt seine Rolle weiter. Er braucht die Dinge und möchte nichts davon weg- oder aufgeben, denn dann droht sein so mühsam aufgebautes Kartenhaus seiner Identität einzustürzen.

Er entwickelt sich immer mehr zu einem richtigen Sparfuchs, einem Geizhals, einem Eisblock und keinem, der für seine Mitmenschen etwas Ernsthaftes übrig hat. Konfrontiert man ihn damit, blockt er entweder ab und möchte nicht darüber reden oder er geht zur Gegenoffensive über und beginnt die Schwächen sowie Ängste der anderen aufzudecken und Salz in deren Wunden zu streuen. Im Laufe der Jahre sind seine inneren Fühler sehr sensibel dafür geworden, sobald ihm jemand zu nahe kommen könnte.

Er versteckt sich immer mehr hinter seiner harten Mauer und um halbwegs funktionieren zu können, muss er immer…

- alles unter Kontrolle haben,
- die volle Sicherheit und Gewissheit haben,
- alle Informationen und Neuigkeiten haben,
- die neuesten Dinge und Technologien haben,
- die perfekte Lösung für ein Problem haben,
- die volle Aufmerksamkeit und Bestätigung anderer haben,
- das größte Lob für sich haben,
- das beste Argument und die beste Antwort parat haben,
- eine Frage mehr als die anderen haben,
- mehr (Geld) als die anderen haben,
- HABEN, denn nur dann kann er SEIN.

b) Erich Fromm und „Haben oder Sein“

Wagen wir einen Versuch herauszufinden, was wir von unserem Leben erwarten und wünschen können, so kommen wir wahrscheinlich zu der Antwort, dass wir in unserem Leben glücklich sein möchten. Folglich scheint das Glück bei der Suche nach dem Sinn des Lebens einen zentralen Stellenwert einzunehmen. Doch was ist dieses Glück überhaupt und was müssen wir unternehmen, um es erreichen zu können?

Auf den ersten Blick erscheint eine Definition des Begriffes *‚Glück‘* sehr schwierig zu sein, da es sich hierbei eigentlich um alles Mögliche handeln könnte und jeder seine eigene Vorstellung davon hat, was ihn glücklich und zufrieden machen könnte. Ziehen wir jedoch die menschlichen Bedürfnisse an diesem Punkt der Betrachtung in eine Definition mit ein, so könnte Glück, als die Befriedigung einzelner Bedürfnisse bzw. Wünsche verstanden werden. Theoretisch sollten wir demnach glücklich und zufrieden sein, wenn es uns gelingt, unsere Wünsche und Bedürfnisse zu befriedigen. Dies erscheint so einfach und mag bei vielen von uns auch zutreffen, doch zeigt uns die Realität auch immer häufiger ein anderes Abbild des menschlichen Seins. Vielleicht kennt der ein oder andere Leser ja sogar einzelne Personen, die sichtbar alles in ihrem Leben besitzen und erreicht haben, aber trotz alledem, nicht glücklich und zufrieden wirken? Oder vielleicht hat der ein oder andere es am eigenen Leib schon einmal erfahren, dass er auf sein bisheriges Leben zurückschaute, die erfolgreiche Karriereleiter chronologisch in Gedanken durchging, all das Hab und Gut betrachtete, er aber dennoch keine dauerhafte tiefe Freude, sondern eher ein unterschwelliges Gefühl der Niedergeschlagenheit, Leere oder Unzufriedenheit verspürte?

Vielleicht spielen bei der gesamten Erörterung zum Thema Glück und Zufriedenheit nicht nur unsere eigenen Bedürfnisse eine zentrale Rolle, sondern auch die Bedürfnisse der Menschen um uns herum? Dieser Aspekt soll innerhalb der weiteren Ausführungen in diesem Beitrag zunächst einmal unberücksichtigt bleiben, dennoch immer im Hinterkopf behalten und nicht einfach so abgetan werden.

Um einer Antwort der hier aufgeworfenen Fragen näher zu kommen, möchte ich die Begriffe der *objektiven* und *subjektiven Bedürfnisse* und deren Bedeutung für unser Wohl einbeziehen.

Finden unsere objektiven Bedürfnisse (wie zum Beispiel physiologische Bedürfnisse nach Nahrung, Schlaf, Fortpflanzung oder psychische Bedürfnisse nach Sicherheit, sozialer Bindung, Bezogenheit, Selbstbestimmung, Selbstverwirklichung, Autonomie, Freiheit o.Ä.) hinreichende Befriedigung, so ist eine notwendige Voraussetzung für ein glückliches und gelingendes Leben geschaffen. Das damit verbundene Gefühl (des Wohlergehens) wirkt wie Balsam auf körperlicher und geistiger Ebene und dient als positives Werkzeug für die Anforderungen des Lebens selbst, auch, und das sei besonders hervorgehoben, fortwährend über die Zeit hinweg.

Nun verhält es sich aber so – und hier Überschreiten wir die Grenze zu unseren subjektiven Bedürfnissen – dass dieses Wohlbefinden nicht noch weiter gesteigert oder vergrößert werden kann. Alles was nun folgt, ist eine Steigerung des Lustempfindens über gezielte Reize oder bestimmter Kicks, wie sie beispielsweise in Dingen wie Genuss, Erleben, Macht, Reichtum, Besitz oder Konsum vorzufinden sind. Diese Steigerung des Lustempfindens kann positive Auswirkungen haben, wirkt jedoch nur als Momentaufnahme und bedarf nach kurzer Zeit bzw. nach einem Abklingen einer erneuten Steigerung bzw. Befriedigung.

Unzählige Botschaften (zum Beispiel aus der Werbung), die uns zu suggerieren versuchen, was wir für unser Glück benötigen, unterstützen eine Entwicklung, die es zunehmend schwerer macht, zwischen unseren objektiven und subjektiven Bedürfnissen unterscheiden zu können. Viele dieser Botschaften verbreiten ganz offen und gezielt die Illusion, dass sich allein durch den Kauf der angepriesenen Produkte nach kürzester Zeit Glücksgefühle und Zufriedenheitszustände einstellen werden und das auch noch ganz ohne die geringste Anstrengung dafür aufbringen zu müssen. Eine mutige und vage Behauptung, die einer Überprüfung bedarf. Um welche Beispiele es sich hierbei handeln könnte, muss jeder für sich selber herausfinden.

Hinter den unzähligen Angeboten und Möglichkeiten unserer heutigen Zeit zur ‚Glücks-Findung', versteckt sich eventuell auch eine mögliche Antwort auf die Frage, warum Einzelne dazu neigen, (ständig) unglücklich zu sein und sich nie zufrieden zu geben mit bisher Erreichtem, Erlebtem und Geschafftem. Warum auch, wenn wir bereits am nächsten Tag etwas Anderes – noch Besseres – ausprobieren oder haben können? Einem ‚Kick' folgt der Nächste, doch die Enttäuschung spielt immer mit. Was für ein Dauerstress für Körper und Geist.

Drohen die subjektiven Bedürfnisse zum zentralen Mittelpunkt des Lebens zu werden, so läuft der Mensch Gefahr seine Unabhängigkeit, Freiheit und Selbstständigkeit zu verlieren, da er sich und sein Identitätserleben von äußeren Faktoren abhängig macht. Ohne diese äußeren Faktoren steht er am Ende recht einsam da. Unglücklicherweise versucht der Betroffene dieses ohnmächtige und unsichere Erleben seiner selbst durch eine erneute Zufuhr von außen (zum Beispiel über Bestätigung/Anerkennung durch Erfolg, Besitz oder besonderer Leistungen) zu kompensieren, um sich doch noch mit etwas ‚Glück' füllen zu können und zu wissen, wer er ist. Dieses instabile Identitätsgefühl stützt sich auf große Zweifel, Unsicherheiten sowie Ängsten und unterliegt abermals der Gefahr, zu verpuffen, sofern sich der Betroffene, dieser äußeren Zufuhr nicht mehr bedienen kann oder ihm diese verwehrt bleibt, aus welchen Gründen auch immer.

Jemand, der sein Glück nur darin sieht, möglichst viele Dinge anzuhäufen, auszuprobieren oder entsprechend viel Leistung zu erbringen, Macht auszuüben, immer zu gefallen sowie viel Besitz sein Eigen nennen zu können, um Bestätigung von außen zu erhalten, wird die Kontrolle über sein Leben verlieren, wenn ihm diese Dinge weggenommen werden. Demnach wird er mit all seiner Kraft versuchen sein Eigenes zu verteidigen, denn ohne dieses weiß er am Ende nicht mehr, wer er selber ist. Egoismus, Selbstsucht, narzisstische Verhaltensweisen oder Habgier sind nur einige Begleiterscheinungen dieser nicht-produktiven Entwicklung.

Etwas anders verhält es sich bei jemandem, der seine subjektiven Bedürfnisse zu begrenzen weiß. Er bestimmt sein Identitätserleben aus seiner Mitte heraus und nicht etwa von äußeren Faktoren, wie zum Beispiel was er besitzt, welchen Status er erreicht hat oder was er schon alles erlebt hat. Folglich wird er weniger Neid, Missgunst oder dergleichen entwickeln, da er sich nicht über äußere Dinge definiert und ihm somit auch nichts weggenommen werden kann. Diese produktiven Charakterzüge tragen einen maßgeblichen Anteil daran, dass die Voraussetzungen für ein solidarisches, liebevolles, reifes und vernünftiges Miteinander geebnet werden können. Der Grundstein dieser produktiven Entwicklung wird meistens schon in den frühen Kinderjahren gelegt.

In seinem Buch „Haben oder Sein" unterscheidet Erich Fromm[17] (1976) zwischen zwei verschiedenen Existenzweisen des Menschen. Diese Unterscheidung ist auf die oben dargestellte Unterscheidung zwischen einer produktiven und einer nicht-produktiven Charakterorientierung übertragbar. Bei der einen Existenzweise liegt der Sinn des Lebens eher in dem, was man ist und bei der anderen eher indem, was man hat.

[17] Fromm, E. (1976). Haben oder Sein. München: dtv.

Welche Existenzweise die Geeignetste ist, muss von jedem selbst eingeschätzt werden. Des Weiteren sei erwähnt, dass der Mensch für sein Wohl ein bestimmtes Maß an Leistung, Erfolg oder auch Besitz – subjektive Bedürfnisse – benötigt und es nicht erforderlich ist, sich von allen Möglichkeiten des Lustempfindens freizusprechen und zu einer ‚primitiven' Lebensform zurückzukehren. Natürlich sind viele unserer heutigen Möglichkeiten der Lebensgestaltung für unser Fortbestehen nicht zwingend notwendig, dennoch machen viele davon unser Leben lebenswerter und geben diesem auch ein wenig mehr Sinnhaftigkeit. Ein gesundheitliches Risiko entsteht jedoch immer dann, wenn die Grenze zu einer bestimmten Maßlosigkeit (weit) überschritten wird.

Die entscheidende Frage, die es bei der gesamten Thematik zu beachten gilt, hinterfragt, ob das Bedürfnis und dessen Befriedigung langfristig betrachtet eher lebensfördernd oder eher lebenshemmend auf das eigene Wohlergehen einwirkt und welchen Einfluss das Bedürfnis und dessen Befriedigung auf die menschliche Charakterstruktur besitzt? Wird eine Entwicklung eher produktiver oder eine Entwicklung eher nicht-produktiver Charakterzüge unterstützt?

6. Angst (und Freiheit)

a) Fallbeispiel

Dem äußeren Anschein nach ist Rainer D. für viele aus seinem Umfeld ein sehr zurückhaltender und ruhiger Typ, dem man auf den ersten Blick keine ernsthaften Probleme oder Schwierigkeiten zusprechen würde. Einige sind da schon, die sich auf Grund seiner schüchternen und verschlossenen Art die Frage stellen, ob bei ihm alles in Ordnung ist, dennoch nimmt ihn der Großteil als recht unauffällig wahr und ahnt nichts von seinem inneren Befinden. Oft bleibt der Eindruck zurück, als wäre bei ihm alles ok und für viele ist er auf Grund seiner In-sich-gekehrten-Art auch einfach nicht zu greifen.

Von der für ihn so typischen ruhigen und zurückhaltenden Art bleibt tief in seinem Inneren nicht viel übrig. Er selber verspürt eine dauerhaft wirkende innere Unruhe und Anspannung, die ihn einfach nicht zur Ruhe kommen lassen. Er ist schlecht gelaunt, zweifelnd und voller Wut. Momente längerer Entspannung sind überhaupt nicht möglich, so dass er immer in Bewegung, immer geschäftig und immer nachdenklich ist.

Schon während seiner frühen Kinderjahre hat er große Schwierigkeiten mit der Nachtruhe. Er findet nur in den seltensten Fällen alleine in den Schlaf und benötigt sehr häufig die Anwesenheit einer zweiten Person, die ihm ein Gefühl von Sicherheit und Geborgenheit vermittelt. Für sehr lange Zeit schläft er im Elternbett, da er sich dort sicher und beschützt fühlt. Bei geschlossener Tür bekommt er oft Panikattacken und fängt an, ununterbrochen zu schreien, bis ihn ein linderndes und helfendes Wort zur Ruhe bringen kann. Seine Zeit im Kindergarten, und somit in gewisser Weise die erste längere Trennung von seinen Eltern, ist geprägt von starkem Hautausschlag an den Armen und Beinen. Die Ärzte sprechen hier von einer stark entwickelten Neurodermitis. Seine Fingernägel hat er bis auf das Nagelbett abgekaut und grundsätzlich ist er sehr nervös und zappelig. Er fühlt sich innerlich sehr unwohl und kann schon damals nicht richtig entspannen, so dass er schon sehr früh immer in Bewegung, geschäftig und nachdenklich war.

Als junger Erwachsener kann er das ein oder andere nach außen hin deutliche Zeichen für sein inneres ‚Chaos' mehr oder weniger unter Kontrolle bringen. Sein Hautausschlag wird schwächer und seine Fingernägel leiden nur noch während starker Stressphasen. Obwohl er jetzt die Nächte alleine verbringen kann, gelingt es ihm nur äußerst selten durchschlafen zu können. Mindestens einmal pro Nacht wacht er auf. Er hat einen sehr leichten Schlaf. Die Inhalte seiner Träume sind sehr verschieden, oftmals sehr destruktiv gegenüber seiner Umwelt und sehr oft von tiefen Ängsten und Sorgen gekennzeichnet, jemanden aus seinem Familien- und Bekanntenkreis verlieren zu können. Immer wieder träumt er davon, aus dem Bett zu fallen und in die Tiefe zu stürzen, ohne dass es zu einem Aufprall kommt. Er fällt und fällt einfach nur, bis er aus dem Schlaf gerissen wird. Tagsüber fühlt er sich weiterhin sehr ohnmächtig.

Auch wenn Rainer D. es nur ungern zugibt und stattdessen versucht, es eher zu verbergen, so ist er ein ängstlicher und unsicherer Mensch. Entscheidungen kann er oftmals nur nach langem Hin und Her und helfender Ratschläge anderer Personen treffen. Am liebsten geht er Entscheidungen aus dem Weg oder versucht diese in die Länge zu ziehen. Alleine ist er nur ganz selten anzutreffen. Prinzipiell braucht er immer jemanden an seiner Seite, denn nur dann ist er fähig, sozial mit anderen Menschen in den Kontakt zu treten und gesellschaftstauglich zu sein. Er hasst das Alleinsein. Neue und ungewisse Situationen versucht er zu meiden und jeden möglichen Konflikt spürt er schon aus der Ferne auf. Seine Wahrnehmung und seine Gedanken sind durchgehend auf Gefahr ausgerichtet und er versteht es mit Bravour, sich dieser Gefahr nicht stellen zu müssen – lieber versteckt er sich.

Bei Veranstaltungen unterschiedlichster Art (zum Beispiel Lehrveranstaltungen an der Universität, Partys am Wochenende oder Trainingseinheiten im Sportverein) ist er häufig der Erste, der kommt und der Letzte, der geht. Nur so kann er sich sicher sein, dass er den Überblick behält und nichts schief geht oder anders verläuft als durchgeplant. Als erster der Anwesenden, müssen die kommenden Personen bzw. Gäste ihn begrüßen und als Letzter sich auch wieder von ihm verabschieden. So gelingt es ihm, nicht auf die anderen Personen zugehen zu müssen, denn das würde einen spontanen zwischenmenschlichen Kontakt bedeuten. Diesen unsicheren Moment versucht er lieber zu vermeiden. Viele Situationen dieser Art sind fest durchdacht und durchgeplant – Spontanität fehlt ihm gänzlich.

Voller Misstrauen und Unsicherheit braucht er die Kontrolle und Gewissheit über kommende Ereignisse. Das äußert sich besonders dann, wenn es sich um Neues in seinem Leben handelt. Er muss immer einen Ablaufplan parat haben, der ihm zeigt, was geschieht, wer anwesend sein wird und was von ihm abverlangt wird. Fehlt es auch nur im Geringsten an Genauigkeit und kann er nicht alle Eventualitäten abwägen oder in irgendeiner Form gedanklich durchspielen, vermeidet er lieber den Kontakt bzw. die Situation und erfindet irgendwelche Ausreden, warum er nicht anwesend sein kann oder was er terminlich anderes zu tun hat. Er wurde schon vor sehr langer Zeit zu einem guten Lügner. Er muss lügen, um sich irgendwie durch das Netz sozialer Beziehungen hindurch schlängeln zu können. Die Wahrheit könnte noch mehr Schmerz verursachen und alles zum Einsturz bringen.

Weiterhin zeichnet sich seine Person dadurch aus, dass er große Schwierigkeiten damit hat, sich auf das Wesentliche konzentrieren zu können. Während seiner Schul- und Studienzeit kann er dem Unterricht nie mit voller Aufmerksamkeit und Konzentration folgen. Außerdem hat er immer das Gefühl, dass er mehr als seine Mitschüler oder seine Kommilitonen machen und mehr Anstrengung als die anderen aufbringen muss, um beispielsweise den Unterricht zu verstehen und die Inhalte später anwenden zu können. Er ist zwar körperlich anwesend und hört dem Lehrenden aufmerksam zu, doch gedanklich ist er oft nicht bei dem Thema noch bei dem Gesagten.

Er hat panische Angst angesprochen zu werden und eine Antwort abgeben zu müssen. Sein Kopf zeigt stets nach unten – »bitte sprich mich nicht an, bitte lass die Zeit schnell vergehen, wo bleibt denn nur das Pausenklingeln?« Zu Hause angekommen, verwendet er sehr viel Zeit für die Nachbereitung bzw. Vorbereitung des Unterrichts. Er führt seine Unterlagen sauber und ordentlich, heftet alles penibel ab und achtet akribisch darauf, dass er nichts vergisst – er darf sich einfach keinen Fehler erlauben. Er beginnt damit alles zu studieren und auswendig zu lernen, so dass er sich jeden Fakt auf jeder Seite seiner Unterlagen einprägen und bei Bedarf abrufen kann. Dadurch erhält er ein Stück weit mehr Sicherheit und verspürt weniger Angst – bis zum nächsten Schultag. Er hat das Gefühl als habe er am Vortag nichts gelernt. Diese Seite von Rainer D. ist auch in vielen anderen Lebensbereichen zu beobachten.

b) Gerald Hüther und die „Biologie der Angst“

In seinem Buch „Biologie der Angst – Wie aus Stress Gefühle werden“ unterscheidet Gerald Hüther[18] (2012) zwischen einer *kontrollierbaren* und einer *nicht-kontrollierbaren Stressreaktion*, welche entweder einen stabilisierenden oder einen destabilisierenden Effekt auf die in unserem Gehirn angelegten neuronalen Verschaltungen bewirken und demzufolge auch die Art und Weise, wie wir Denken, Fühlen und Handeln beeinflussen.

Beginnen möchte ich diesen Abschnitt mit einigen Ausführungen zur kontrollierbaren Stressreaktion. Diese liegt immer dann vor, wenn es unserem Organismus gelingt, auf bedrohliche Situationen oder unerwartete Änderungen unserer Außenwelt einen entsprechenden Lösungsweg zu finden. Immer wenn uns das gelingt, werden die genutzten Verhaltensweisen in Form von neuronalen Verschaltungsmustern in unserem Gehirn abgespeichert und können somit für künftige Situationen wiederum abgerufen und genutzt werden. Das bedeutet, je öfter wir die Erfahrung machen, Probleme, Schwierigkeiten oder auch Herausforderungen in unserem Leben selbstständig zu lösen, desto sicherer werden wir in unserem Verhalten und desto tiefer entwickelt sich in unserem Gehirn ein ganz bestimmtes Gefühl. Dieses Gefühl prägt sich umso fester aus, desto häufiger wir die Erfahrung machen, dass wir eine Herausforderung oder ein Problem alleine und ohne fremde Hilfe bewältigen oder meistern können. Das trägt wiederum dazu bei, dass wir für zukünftige Aufgaben immer mutiger, selbstbewusster und überzeugter von unseren Fähigkeiten und Kompetenzen werden (Hüther 2012, S. 68) – unabhängig davon, welcher Altersklasse wir angehören.

---

[18] Hüther, G. (2012). Biologie der Angst – Wie aus Stress Gefühle werden. Göttingen: Vandenhoeck & Ruprecht GmbH & Co. KG.

An dieser Stelle sei angedeutet, dass bei gesonderten Fällen die angewandte Lösungsstrategie zwar kurzfristige Linderung verschaffen kann, aber langfristig eher ein gesundheitliches Risiko darstellt. Das kann zum Beispiel bei einer *neurotischen Fixierung* der Fall sein, bei der die genutzte Bewältigungsstrategie eher eine Problemverstärkung bewirkt, da immer wieder ein Verhaltensmuster gefestigt wird, das sich für die weitere Entwicklung als eher hinderlich herausstellen kann.

Für ein besseres Verständnis dieser Problematik möchte ich folgende Inhalte von Gerald Hüther anführen: Jemand, der bereits sehr früh und sehr häufig die Erfahrung gemacht hat, dass Probleme und Schwierigkeiten dadurch verschwinden, indem er oder jemand, der ihm Sicherheit und Geborgenheit zu bieten scheint, aggressiv und wild um sich schlägt, wird das Gefühl entwickeln und festigen, dass aggressives und destruktives Verhalten sehr nützlich sein kann, um die eigenen Zweifel und Ängste zu beseitigen und Sicherheit zu erzeugen. Ähnlich kann durch ein immer wieder erfolgreich eingesetztes unterwürfiges Verhalten im Zuge der Entwicklung ein zwanghaftes Aufopferungsbedürfnis entstehen oder durch permanente erfolgreiche Anlehnung zwanghafte Abhängigkeit, durch eigensüchtiges Verhalten Egozentrik oder durch ‚erfolgreiche' und ständige Verdrängung Insensibilität und Gefühlsarmut (Hüther 2012, S. 69f). Diese neurotischen Fixierungen können im weiteren Lebensverlauf sowie innerhalb zwischenmenschlicher Beziehungen einen sehr großen Schaden anrichten und schwerwiegende innere ‚Verwüstungen' bei den Betroffenen anrichten. Für eine detailliertere Darstellung dieser Problematik empfiehlt es sich innerhalb des Originalwerkes weiter zu recherchieren.

Kommen wir zurück zu der kontrollierbaren und nicht-kontrollierbaren Stressreaktion. Etwas anders verhält es sich in unserem Gehirn, im Gegensatz zu dem bisher Genannten, wenn die Bedrohung oder die Belastung bestehen bleibt und sich keine geeigneten Bewältigungsstrategien anwenden oder finden lassen. Dann sprechen wir von einer nicht-kontrollierbaren Stressreaktion, bei der unser Gehirn ‚idealerweise' so reagiert, dass bereits bestehende neuronale Verschaltungen aufgelöst werden, um den Weg frei zu machen für neue Verschaltungen, so dass wir infolgedessen neue Verhaltensmuster ausprobieren und neue Möglichkeiten in unserem Denken, Fühlen und Handeln einschlagen können. Daraus lässt sich ableiten, dass unser Gehirn die Stressreaktion benötigt, damit wir uns ändern und anpassen können und nicht, wie oftmals fälschlicherweise behauptet wird, damit wir krank werden (Hüther 2012, S. 113f).

Aber auch dieser eingebaute Schutz- und Anpassungsmechanismus unseres Gehirns, an die jeweiligen Erfordernisse unserer Lebenswelt, kann überschießen bzw. bestimmte Grenzen überschreiten. Ähnlich wie es zu neurotischen Fixierungen in unserem Denken, Fühlen und Handeln kommen kann und wir uns ‚ungünstige' Verhaltens- und Bewältigungsstrategien aneignen, kann die Destabilisierung neuronaler Verschaltungen, ausgelöst durch dauerhaft wirkende nicht-kontrollierbare Belastungen und Anforderungen, tiefere Schäden bewirken und mehr auflösen, als eigentlich erforderlich wäre (Hüther 2012, S. 77). Kurzum, bei anhaltendem Dauerstress wird unser Körper und Geist mit Stresshormonwellen überflutet, welche für unsere geistige, emotionale und körperliche Unversehrtheit und somit auch für unser Wohlergehen ein erhebliches Risiko darstellen können (Hüther 2012, S. 76f).

Auslöser des Stress-Reaktions-Prozesses in unserem Gehirn ist immer das Gefühl der *Angst*, unabhängig davon, ob es sich um eine kontrollierbare oder nicht-kontrollierbare Belastung handelt (Hüther 2012, S. 27).

Doch wovor haben wir als Mensch überhaupt Angst und wann treten unsere Ängste auf bzw. wann kommt es zu ihrer Entstehung? Um eine weitere Antwort auf diese Fragen vorzuschlagen, möchte ich mich Gerald Hüther anschließen. Seinen Ausführungen zufolge, können sämtliche Formen plötzlich auftretender Veränderungen unserer sozialen Lebenswelt, ein Gefühl der Angst in uns erzeugen.

Da wir seit unserer Geburt zeitlebens durch soziale Einflüsse und durch die Verhaltensweisen unserer Mitmenschen geprägt werden, kann jede mögliche Änderung unserer Beziehungen zu anderen Menschen (wie zum Beispiel der Verlust nahestehender Personen) ein Gefühl von unkontrollierbarer Angst freisetzen (Hüther 2012, S. 41). Jeder Leser kann für sich selber entscheiden, welche (großen und kleinen) Veränderungen seiner sozialen Welt bei ihm ein Gefühl von Angst erzeugen. Auf die Schwierigkeit der Erkenntnis der eigenen Ängste sei nochmals hingewiesen, ebenso wie auf die Tatsache, dass viele Menschen ihre Ängste eher verdrängen, sowie leugnen und sich lieber einreden, sie hätten alles im Griff.

Eine der bedeutsamsten und folgereichsten Belastungen während unserer Kinderjahre ist der Verlust von bis dahin Sicherheit und Geborgenheit bietenden Bezugspersonen (Hüther 2012, S. 101). Bereits unmittelbar nach der Geburt sind wir der ersten Trennung ausgesetzt und lernen ein bestimmtes Gefühl der Angst kennen. Die daraus einhergehende Stressreaktion wird für uns zum entscheidenden Antreiber, um das ursprüngliche Gefühl der Geborgenheit und Sicherheit wiederherzustellen und die stressbedingten physischen und psychischen Auswirkungen bzw. Reaktionen einzudämmen bzw. zu bewältigen.

Immer wenn wir durch bestimmte Verhaltensweisen in die Arme genommen, geküsst, gestreichelt oder liebevoll angesehen wurden, bekamen wir ein Stück der Wärme und Geborgenheit wieder. Diese Verhaltensweisen konnten unsere Angst etwas lindern und wurden auf Grund dessen in unserem Gehirn in Form von neuronalen Verschaltungen abgespeichert. Im weiteren Verlauf unseres Lebens genügte uns schon ein Lob, ein liebevoller Blick, ein freundliches Lächeln (zum Beispiel von unserer Mutter oder von anderen unmittelbaren Bezugspersonen), damit wir uns in der Welt sicher und geborgen fühlen konnten (Hüther 2012, S. 90f).

Daraus ableitend bleibt festzuhalten, dass Eltern aber auch andere Bezugspersonen ein feines Gespür dafür entwickeln müssen, was in einem Kind vorgeht, was und wie es fühlt, von welchen Ängsten es getrieben wird und auf welche Weise es versucht, die dadurch ausgelöste Stressreaktion kontrollierbar zu machen (Hüther 2012, S. 94). Unglücklicherweise existiert kein Patentrezept dafür, wie man dieses Gespür entwickeln oder erlernen kann und leider existiert auch keine Anleitung für eine ‚richtige' Umsetzung der Elternrolle. Allerdings gibt es eine bestimmte menschliche Eigenkraft, die einen starken Einfluss darauf hat, welchen Stellenwert bzw. welche Bedeutung die Angst für das Kind und dessen weitere Entwicklung erhalten wird. Diese menschliche Eigenkraft, ist gleichzusetzen mit der Fähigkeit, einen anderen Menschen wahrhaft lieben und empathisch auf ihn eingehen zu können (Hüther 2012, S. 54).

7. Narzissmus (und Nächstenliebe)

a) Fallbeispiel

Den so sehr erwünschten Halt und die für ihn notwendige Bestätigung, Zuneigung und Wertschätzung findet Rainer D. innerhalb von Partnerschaften. Schon recht früh während seiner Jugendzeit befindet er sich immer wieder in verschiedenen Beziehungen, die manchmal nur einige Wochen, aber oft auch mehrere Monate bis Jahre andauern. Die Zeitspanne zwischen einer beendeten und einer neuen Beziehung versucht er möglichst kurzzuhalten, so dass er selten bis nie ohne Partnerin anzutreffen ist. Für ihn gibt es nichts Wichtigeres und Wohltuenderes als eine Frau an seiner Seite, mit der er seine Zeit verbringen kann. Er ‚verliebt' sich oft schon am ersten Tag, manchmal auch ohne seine Zukünftige vorher getroffen zu haben. Ein paar nette Worte am Telefon oder ein paar schöne Zeilen via Mail genügen ihm und er ist hin und weg.

Von seinem äußeren Erscheinungsbild ist er sehr stark eingenommen und davon überzeugt ein attraktiver junger Mann zu sein, der einen ganz bestimmten Reiz auf seine Gegenüber ausstrahlt und zur Neugier anregt. An einem Spiegel kann er nur selten vorbeigehen, ohne diesen eines Blickes zu würdigen. Er ist mit seinem Spiegelbild sehr zufrieden und stets bemüht (mit) diesem zu gefallen, auch wenn er dafür sehr viel Zeit aufopfern muss.

Am Anfang einer Partnerschaft stürzt sich Rainer D. mit all der ihm zur Verfügung stehenden Kraft und Energie in das Beziehungsleben, so dass alles andere um ihn herum an Bedeutung zu verlieren scheint. Er sorgt sich, er kümmert sich, er stellt Fragen, er gibt Antworten, er macht Geschenke, er versucht jeden Augenblick mit seiner Partnerin zu verbringen, er ist unternehmungslustig, zärtlich, humor- und verständnisvoll sowie gefühlsbetont. Man könnte meinen, er ist der

‚perfekte' Beziehungsmensch, der es versteht, all die Wünsche und Bedürfnisse seiner Partnerin zu befriedigen. Dieses Bild könnte man von ihm bekommen, wenn da nicht ein immer wiederkehrendes Problem auftreten würde und zwar jenes, dass er an einem bestimmten Punkt der Beziehung immer damit beginnt, an den Gefühlen seiner Partnerin zu zweifeln. Anfangs sind es ‚harmlose' Selbstzweifel, die sich dadurch äußern, dass er nicht mehr sicher einschätzen kann, warum seine Partnerin an ihm interessiert ist und was sie alles an ihm toll findet. Diese Gedanken kann er anfangs noch gut verstecken, doch nach einer gewissen Zeit enden seine Beziehungen immer sehr chaotisch und mit einer nach außen offen zur Schau gestellten Kränkung seinerseits, an der natürlich seine Partnerin die volle Schuld und Verantwortung trägt. Wie dieser Wandel vom unsterblich verliebten hin zum gekränkten Beziehungsmenschen im Einzelnen aussieht, soll an diesem Punkt genauer beschrieben werden.

Während der Anfangszeit einer Beziehung setzt Rainer D. sehr gezielt, bewusst und häufig bestimmte Formulierungen ein, um seiner Partnerin deutlich zu machen, wie wichtig sie ihm ist und wie sehr er ihre Liebe braucht. Einerseits mag er bis zu einem bestimmten Punkt tatsächlich so empfinden, andererseits, weiß er ganz genau, was er mit welchen Worten erreichen und bewirken kann. Zu seinen am häufigsten verwendeten Standardsätzen gehören Formulierungen, wie zum Beispiel:

- »Ich liebe dich über alles auf der Welt.«
- »Du machst mich zum glücklichsten Menschen auf diesem Planeten.«
- »Du bist mein Ein und Alles.«
- »Du bist meine unangefochtene Traumfrau.«
- »Du bist alles für mich, ich brauche dich.«

- »Mit dir ist alles so wunderschön und so einfach.«
- »Ich möchte für immer und ewig mit dir zusammen sein.«
- »Wir passen perfekt zusammen.«
- »Nichts oder Niemand kann uns trennen.«
- »Wir sind füreinander bestimmt.«
- »Ohne dich kann ich nicht leben.«
- »Du gibst meinem Leben einen Sinn.«

Immer und immer wieder macht er seiner Partnerin endlose Liebeserklärungen. Selber empfindet er diese zum Teil einstudiert und nicht echt, aber das kümmert ihn recht wenig, solange er seine Partnerin strahlen sieht.

Problematisch wird es für ihn erst, sobald seine liebevollen Worte nicht in ähnlicher Art und Weise erwidert werden. Dann wird er zunehmend unsicher und fängt an zu grübeln. Gedanklich fragt er sich immer wieder, ob er irgendwas falsch gemacht hat. Meistens stürzt er sich dann noch intensiver in die Beziehung, in der Hoffnung, dass er schon irgendwann das bekommen wird, was er von seiner Partnerin haben möchte. In der Regel verstärkt er dadurch das Problem und gerät noch mehr ins Grübeln. Natürlich bemerkt er von seiner klammernden und einengenden Art nur recht wenig. Unerträglich wird es für ihn, sobald seine Partnerin mal nicht kuscheln oder zärtlich sein möchte und vielleicht auch einfach mal etwas Zeit für sich alleine benötigt oder Unternehmungen mit Freunden machen möchte. Dann beginnt er noch stärker an den Gefühlen seiner Partnerin zu zweifeln und zieht sich immer mehr zurück, bis er sich vollkommen verschlossen hat.

Bleibt dieses unsichere Erleben (seiner selbst) innerhalb der Beziehung bestehen und spürt er nicht, dass seine Partnerin sich ändern möchte, dann zwingen ihn seine zweifelnden Gedanken, nach einer bestimmten Zeit, zur ‚Gegenoffensive' und er kann seine Kränkung nicht mehr zurückhalten. Ab diesem Zeitpunkt zeigt er sich innerhalb der Beziehung sehr verletzt und konfrontiert seine Partnerin immer wieder mit denselben Fragen:

- »Warum liebst du mich nicht genauso stark wie ich dich?«
- »Warum brauchst du mich nicht so sehr wie ich dich?«
- »Warum investiere ich mehr in die Beziehung als du?«
- »Liebst du mich denn gar nicht mehr?«
- »Du liebst bestimmt einen anderen, oder?«
- »Du hast mich nie wirklich geliebt, oder?«

Eifersucht, Kontrolle, Misstrauen, Streit, Schweigen, Wut, Hass, Ekel, Abwertung, all das wird zur Tagesordnung und die Beziehung zu einer unerträglichen Qual für beide Seiten. Leider würde er niemals auf die Idee kommen, dass sein Verhalten die Beziehung belasten, einengen und möglicherweise Auslöser für eine Trennung sein könnte. Dafür fehlen ihm, neben dem notwendigen Klarblick und das erforderliche Einfühlungsvermögen, noch viele weitere menschliche Eigenkräfte. Um welche es sich dabei handeln könnte, soll an gegebener Stelle noch besprochen werden.

Nach einem Beziehungsaus droht Rainer D. jedes Mal in seinem Selbstmitleid zu versinken – vorausgesetzt er wurde verlassen. Ist er derjenige, der die Beziehung beendet hat, interessiert er sich recht wenig für das Gefühlsleben seiner Verlassenen. In der Regel lässt er auch nicht lange auf sein neues ‚Glück' warten. Es ist ihm beinahe egal, welches emotionale Chaos er zurücklässt, denn sein eigener Schmerz lässt ihm keine Möglichkeit, sich um die Gefühle und Belange anderer ernsthaft zu kümmern. Das soll auf keinen Fall als Rechtfertigung für sein Verhalten dienen und die dahinterstehende Rücksichtslosigkeit und Kälte seinerseits abmildern, sondern vielmehr seine Hilflosigkeit und fehlende Reife zum Ausdruck bringen.

Ist er derjenige, der verlassen wurde und an Trennungsschmerz leidet, geht bei ihm überhaupt nichts mehr. Gedanklich dreht sich dann alles nur noch darum, was er machen muss, um seine ehemalige Partnerin davon zu überzeugen, ihm doch noch eine (erste, zweite, dritte…) Chance zu geben und zu ihm zurückzukommen. Wie ein Löwe kämpft er um die Beziehung und investiert all seine Energie in deren Besserung. Er kann sich ändern und wieder der liebenswürdige Partner wie zur Anfangszeit der Beziehung werden. Dafür benötigt er nur ein wenig Zeit und Verständnis. In sehr vielen Fällen gelingt es ihm, seine Partnerin davon zu überzeugen bzw. zu überreden, zu ihm zurückzukommen. Nicht selten kommt es zu einer Wiederholung der Problematik – bis das endgültige Aus unvermeidbar ist.

Ab jetzt befindet er sich in einer intensiven Phase der Kränkung, die innerlich von Traurigkeit und Antriebslosigkeit sowie häufigen Rauschzuständen (zum Beispiel durch Alkohol) gekennzeichnet ist. Überall sucht er Anteilnahme und Verständnis für seinen Schmerz. Er redet nur noch davon, wie schlecht er es hat. Je mehr Zeit vergeht, desto mehr kehrt sich sein Schmerz in Wut und Abwertung um.

Von nun an, heißt es…

- »Wie kann sie es nur wagen mich zu verlassen.«

- »Ich habe alles für uns getan und sie weiß das einfach nicht zu schätzen.«
- »Sie ist ein schlechter Mensch und hat mich gar nicht verdient.«
- »Sie hat alles kaputt gemacht.«
- »Sie ist schuld daran, dass es mir schlecht geht.«

In dieser Phase redet er zu jeder Zeit und allerorts sehr schlecht über seine Ex-Partnerin und stellt sich selber als unfehlbaren Beziehungsmenschen dar, der keine Schuld an der Trennung hat. Man sollte Mitleid mit ihm empfinden und ihn trösten, denn er ist derjenige, der verletzt wurde und dem es schlecht geht. Dieses Mitleid eröffnet ihm sehr häufig die Tür für eine neue Beziehung. Wiederholung der Problematik – endgültiges Aus.

Prinzipiell weiß man bei Rainer D. nie so richtig, was er denkt und fühlt. Bei Problemen, Streitgesprächen oder Konfliktsituationen besitzt er nicht die notwendige Offenheit, ehrlich und direkt darüber zu sprechen. Vielmehr fühlt er sich bei Konfrontationen sofort gekränkt, angegriffen und verletzt, auch wenn er versucht das zu verstecken. Das einzig ihm zur Verfügung stehende Mittel ist bedingungsloses Schweigen und zu schmollen (mal ein paar Minuten, mal ein paar Wochen, mal ein paar Jahre). Jetzt ist es Aufgabe seiner Mitmenschen, wie zum Beispiel Familienangehörige, die (Ex-)Partnerin, Freunde oder Bekannte, zu erraten, was Rainer D. tief in seinem Inneren bewegt, um darauf entsprechend zu reagieren, so dass er sich nicht mehr schlecht fühlen muss. Er versteht es nahezu perfekt seinem Gegenüber (bewusst oder unbewusst) ein schlechtes Gewissen mitzugeben, um somit wiederum zum Nachdenken (über ihn) anzuregen. Er begibt sich so lange ins Schweigen bis man einen Schritt auf ihn zugeht und ihn idealerweise um eine Entschuldigung bittet, oftmals auch dann, wenn man selber gar keinen Anteil an dem Konflikt trägt. Das ist Rainer D. schlicht weg egal, er macht keine Fehler.

Erfüllt man nicht seine Erwartungen und fühlt er sich weiterhin auch nur ein Stück weit gekränkt in seiner Grandiosität kommt es sehr häufig zu einem radikalen Kontaktabbruch der jeweiligen Beziehung, unabhängig davon, ob es sich dabei um Partnerschaft, Freundschaft oder Verwandtschaft handelt. Niemand verletzt ihn. Er ist sehr nachtragend und vergisst niemals, auch wenn er etwas Anderes von sich behauptet. Aus den Augen aus dem Sinn.

b) Hans - Joachim Maaz und „Die narzisstische Gesellschaft“

In seinem Buch „Die narzisstische Gesellschaft – Ein Psychogramm“ beschreibt Hans-Joachim Maaz[19] (2012) die aktuelle Entwicklung des modernen Menschen und bringt seine Analysen in einen gesellschaftlichen Zusammenhang. Im Fokus seiner Ausführungen steht die Wechselwirkung zwischen Individuum und Gesellschaft, genauer gesagt, wie sehr sich individuelle Entwicklungsfaktoren auf die Gesellschaft auswirken und umgekehrt.

Eine zentrale Aussage des Werkes besteht darin, dass unsere Gesellschaft in die *Narzissmus-Falle* geraten ist und es ernstgemeinter Mittel und Wege bedarf, um die gesellschaftlichen Verhältnisse und damit auch das Wohlergehen jedes Einzelnen von uns doch noch zum ‚Guten‘ zu wenden (Maaz 2012).

Um die angesprochene Narzissmus-Falle besser zu verstehen, ist es zunächst einmal wichtig, zwischen einem *gesunden* und einem *ungesunden Narzissmus* zu unterscheiden. Grundsätzlich besitzt jeder Mensch narzisstische Anteile innerhalb seiner Charakterstruktur. Diese haben einen bestimmten Einfluss darauf, mit welcher Einstellung wir uns selber und unseren Mitmenschen gegenüberstehen. Entscheidend bei der gesamten Narzissmus-Problematik bleibt die Frage, wie stark die eigene narzisstische Orientierung, in die eine oder in die andere Richtung, ausgeprägt ist.

Beginnen wir mit einigen Erläuterungen zur gesunden narzisstischen Orientierung: Gesunder Narzissmus ist die Grundlage für erlebten Selbstwert und gelebtes Selbstvertrauen, welche Ergebnis einer Kindesentwicklung sind, die von aufrichtiger Zuwendung, Einfühlung und Bestätigung seitens der Eltern und einer

[19] Maaz, H. J. (2012). Die narzisstische Gesellschaft. Ein Psychogramm. München: C. H. Beck.

ernstgemeinten Befriedigung individueller Bedürfnisse des Kindes gekennzeichnet ist (Maaz 2012, S. 13). Nicht die Erziehungsform oder der Erziehungsstil, sondern vielmehr die Beziehungsqualität zwischen Kind und Elternteil, entscheidet über die Entwicklung und das Wohlergehen des Kindes (Maaz 2012, S. 14). Kurz gesagt, eine wesentliche Voraussetzung für die Herausbildung und Entfaltung gesunder Selbstliebe, ist die Fähigkeit zur Empathie und echter Liebe seitens der Eltern bzw. der unmittelbaren Bezugspersonen (hierzu auch der vorangegangene Beitrag zum Thema *Angst (und Freiheit)*.

„Einem Menschen mit gesundem Narzissmus fällt es nicht schwer zu sagen, wer er wirklich ist, und zugleich zu realisieren, dass er sich dynamisch verändern kann. Er kann sich als liebenswerter Mensch sehen, kann seine Fähigkeiten entfalten und wird seine Begrenzungen ohne besondere Klagen akzeptieren. Er ist zufrieden mit der Fähigkeit, Bedürfnisse zu erkennen und diese sich im Rhythmus natürlicher Anspannung und Entspannung zu erfüllen. Der erlebte Selbstwert und die vorhandene Selbstliebe ermöglichen auch die Fremdliebe (‚Liebe deinen Nächsten wie dich selbst') und die Wertschätzung anderer mit ihren jeweiligen Fähigkeiten und Begrenzungen" (Maaz 2012, S. 16).

Personen mit einem gesunden Selbstwert bzw. mit gesundem Narzissmus sind nicht von äußerer Bestätigung abhängig und Begrenzungen (zum Beispiel in Form von Gefühlen der Angst oder Versagung) werden nicht als Niederlage, Schwäche o.Ä. erlebt, sondern als unvermeidbare Realität anerkannt (Maaz 2012, S. 15).

Als ungesunden Narzissmus lassen sich alle Störungen der gesunden Selbstliebe beschreiben (Maaz 2012, S. 17f). Diese Störungen macht Hans-Joachim Maaz bei dem Großteil der Bevölkerung aus und weist darauf hin, dass nur noch die extremen Formen ungesunder Selbstliebe als Krankheit wahrgenommen werden, da alle anderen Ausprägungen schon zur Normalität geworden sind. Er spricht hier von einer *gestörten Normalität*[20] (Maaz 2012, S. 47f).

Eine wesentliche Ursache für die Entwicklung ungesunder Selbstliebe ist in einer zunehmenden Unfähigkeit der Eltern zu finden, echte Gefühle zeigen und bedingungslos lieben zu können. Diese Unfähigkeit bleibt den Heranwachsenden in den ersten Lebensjahren leider nicht verborgen, da sie feine Antennen besitzen, was wahrhaft von Herzen kommt oder was nur nachgeahmt, inszeniert und eingeübt in Erscheinung tritt. Demzufolge bleibt bei einem lieblosen und empathiearmen Erziehungsstil die *Liebesbatterie* des Kindes unausgefüllt, so dass zwangsläufig ein schmerzhafter Mangel zurückbleiben muss (Maaz 2012, S. 132f).

Die freie und produktive Entfaltung der menschlichen Eigenkräfte (zum Beispiel in Form von reifer Liebe, Vernunft und schöpferischem Tätigsein) steht von nun an nicht mehr im Zentrum der Persönlichkeitsentwicklung, sondern vielmehr der Wunsch des Kindes, doch noch irgendwie echte Zuneigung von den Eltern zu erhalten. Hier wird möglicherweise der Grundstein eines beginnenden Entfremdungsprozess durch Anpassung und Abhängigkeit sowie einer eigenen Empathieunfähigkeit gelegt, da sich das Kind nicht mehr aus seinem eigenen Inneren heraus entfaltet, sondern seine Entwicklung vielmehr von äußeren Befindlichkeiten, beispielsweise denen der Eltern, abhängig wird. Folglich kann der frühzeitig erfahrene Liebensmangel zum wichtigsten Antreiber aller Fragen und Entscheidungen im weiteren Verlauf des Lebens werden, denn Kinder sind dazu bereit, alles dafür zu unternehmen und auf vieles zu verzichten, um doch noch irgendwie die so wichtige elterliche Bindung zu erhalten. Oftmals übernehmen sie sogar die Funktion der Eltern und versuchen als Helfer oder Seelsorger die

[20] Erich Fromm verwendet in diesem Zusammenhang oft den Begriff der *Pathologie der Normalität*.

Probleme der Familie zu lösen, um Liebe zurückzubekommen. In vielen dieser Fälle nehmen sie dabei selber seelischen Schaden und behindern ihre eigene freie und unabhängige Entwicklung (hierzu auch Bauer[21] 2002, S. 179).

Infolgedessen entwickeln die Heranwachsenden bestimmte Verhaltensweisen, häufig mit dem unbewussten Ziel, den immer wieder aufkommenden früh erlittenen Mangelschmerz vermeiden und abwehren zu können und die Liebesbatterie doch noch irgendwie auffüllen zu können. Diese Strategien werden später von den Betroffenen natürlich als ‚normale' Verhaltensweisen angesehen, da sie es so gelernt und immer wieder gemacht haben. Demzufolge werden die daraus resultierenden gesundheitlichen Risiken oftmals falsch eingeschätzt und in vielen Beispielen sogar als ‚normal' und ‚richtig' empfunden. Oftmals bleiben die wahren Motive des eigenen Verhaltens im Unbewussten verborgen, so dass ihre Ernsthaftigkeit nicht wahrgenommen werden kann und die gewohnte Verhaltensstrategie auch nur schwer wieder abgelegt oder verändert werden kann. (Hierzu ebenfalls der Begriff der *neurotischen Fixierung* wie er bei Gerald Hüther und in dessen „Biologie der Angst" bereits verwendet wurde).

Hans-Joachim Maaz unterscheidet innerhalb seiner Ausführungen zwischen zwei Verhaltensstrategien, um den früh erlittenen Liebesmangel zu kompensieren:

Eine mögliche Strategie liegt in dem Versuch, über besondere *Ich-Leistungen* (Maaz 2012, S. 32f) das vorhandene Liebesdefizit auszugleichen und zu zeigen, dass man doch ein liebeswerter und besonderer Mensch ist. Unter diesen Ich-Leistungen können alle Anstrengungen zusammengefasst werden, die in erster

---

[21] Bauer, J. (2002). Das Gedächtnis des Körpers – Wie Beziehungen und Lebensstile unsere Gene steuern. München: Piper Verlag GmbH

Linie aus dem Wunsch heraus entspringen, etwas zu machen, nicht weil es der eigenen Persönlichkeitsstruktur entspricht und man es machen möchte, weil es einem persönliche Weiterentwicklung bringt und Freude bereitet, sondern vielmehr, weil dahinter der (unbewusste) Wunsch existiert, seinen angekratzten Selbstwert aufzupolieren und den erlittenen seelischen Schmerz zu kompensieren.

Nach außen hin wird ein gutes Funktionieren der eigenen Person demonstriert, doch im Inneren sieht es häufig ganz anders aus. Unabhängig davon, ob es sich hierbei nun um den ehrgeizigen Wunsch nach Erfolg, Karriere, Macht, Besitz und Reichtum oder das Streben nach endloser Schönheit, ewiger Gesundheit oder der Ansammlung möglichst reichhaltiger Erfahrungen handelt, besitzen viele dieser Bemühungen eine kleine, aber ganz entscheidende Gemeinsamkeit. Egal um welchen Versuch der Kompensation es sich dabei handelt, die Liebesbatterie des Menschen kann nicht mehr komplett aufgefüllt werden (Maaz 2012, S. 28, S. 132).

Das scheint auch ein möglicher Grund dafür zu sein, warum es manchen Menschen sehr schwer fällt, glücklich und zufrieden zu sein, trotz erreichter Ziele. Nach einer gewissen Zeit der Zufriedenheit und Entspannung wird sich das Gefühl des Mangelschmerzes wiederkehrend ausbreiten, was sie oftmals dazu veranlasst, sich auf die erneute Suche zu begeben. Dieses fast schon zwanghafte, (aber meist unbemerkte) Verhalten, sich mit all seiner Kraft und Energie sofort von einer Sache in die Nächste hineinzustürzen, sorgt für einen ständig hohen Stresspegel bei den Betroffenen, mit dem Ergebnis, selten bis nie natürliche und auch längere Erholungs- bzw. Ruhephasen zu durchlaufen. Diese Form von Dauerstress erhöht das Risiko später an diversen Leiden, wie zum Beispiel Magen-Darm-Beschwerden, Herz-Kreislauf-Beschwerden, psychischen Einschränkungen u.v.m. zu erkranken (hierzu auch Maaz 2012, S. 128f).

Maaz beschreibt diesen Charaktertypus als *Größenselbst-Narzisst*, der sich zum Schutz vor seiner eigenen Unzulänglichkeit ein grandioses Selbst aufgebaut hat.

„Der Größenselbst-Narzisst muss immer Sieger sein, dominieren und gewinnen, er braucht Selbstdarstellung, Prahlerei, Übertreibungen von Leistungen und Fähigkeiten, er muss brillieren und sich gegenüber der Konkurrenz behaupten, er will Anführer sein und den Ton angeben (auch wenn die Kompetenz dafür nicht vorhanden ist). Auf der anderen Seite möchte er auf keinen Fall kritisiert und belehrt werden, er kann keine Fehler zugeben und keine Schwäche zulassen. Er möchte sich auf keinen Fall hilflos oder gar ohnmächtig erleben, er verträgt es nicht, abgelehnt oder verlassen zu werden, er kann nicht nachgeben, etwas einsehen, Verlierer sein und hat es besonders schwer, wenn er durch Krankheit, Alter oder soziale Situation bedürftig und abhängig wird und auf Hilfe angewiesen ist“ (Maaz 2012, S. 68).

Die zweite Strategie, das erlebte Liebesdefizit auszugleichen, liegt in dem Versuch, durch eine nach außen hin besonders stark ausgeprägte *Bedürftigkeit* und *Unselbstständigkeit* den so sehr ersehnten Wunsch nach Zuwendung und Bestätigung doch noch irgendwie zu erfüllen (Maaz 2012, S. 36f). Maaz beschreibt diesen Typus als *Größenklein-Narzisst*, der dazu neigt, das Leben als besonders anstrengend zu empfinden, sich ständig zu beklagen und in seinem Verhalten sehr wehleidig, pessimistisch und jammernd aufzutreten. Entscheidungen werden oftmals mit einer gewissen Schwerfälligkeit getroffen und Aufgaben können häufig nur durch die Unterstützung zweiter Personen erledigt werden.

Durch das erzeugte (bzw. provozierte) Mitleid und dem Wunsch der Angehörigen dem Leidenden zu helfen, wird indirekt eine gewisse Art der Unterstützung und Zuwendung erzwungen. Diese Form des zwischenmenschlichen Miteinanders bringt zwangsläufig zwei Problematiken mit sich. Einerseits gründet sich die erzwungene Unterstützung (fast nur) auf Mitleid und nicht auf einem echten Wunsch des Unterstützenden der Person wirklich nah zu sein. Das bleibt beiden Parteien natürlich nicht unbemerkt und erzeugt eine gewisse Unzufriedenheit, da der zwanghafte Charakter in dieser Situation unterschwellig immer mitspielt. Andererseits muss sich die leidende Person (bewusst oder unbewusst) immer wieder dazu zwingen, in den verschiedensten Situationen des Lebens die eigenen Fähigkeiten und Möglichkeiten sowie die eigene freie Entfaltung und Entwicklung zu unterdrücken, um eben ein besonders bedürftiges Abbild nach außen hin abzugeben. Folglich entwickelt sich eine schwerfällige, unsichere, zweifelnde und unzufriedene Persönlichkeit, die möglicherweise schlechte Lebensbedingungen sucht und braucht, um nicht an den früh erlittenen Liebesmangel erinnert zu werden.

Natürlich sei an dieser Stelle auf die Zwanghaftigkeit dieser negativen Selbst- und Lebenseinstellungen hingewiesen. Für die Betroffenen sind das selbstverständlich keine schönen und angenehmen Verhaltensweisen, aber verglichen mit dem früheren Schmerz, erzeugt durch den Liebesmangel, sind sie immer noch das geringere Übel, so dass daran zum Selbstschutz festgehalten werden muss (Maaz 2012, S. 69).

„Der Größenklein-Narzisst will klagen und jammern, er braucht die Erfahrung Opfer zu sein, nicht zu genügen, nicht gut genug zu sein, er braucht immer wieder die Bestätigung, abgelehnt und kritisiert zu werden, er muss verlieren, er will belehrt werden und muss beweisen, dass er etwas nicht kann, dass man ihn überschätzt oder ihm etwas zumutet, was er natürlich nicht schaffen kann. Er sieht Fehler ein, übt gerne Selbstkritik bis hin zu schweren Selbstvorwürfen, er kann erlebte Schmach und Verluste über Jahre hin als besonderes Leid kultivieren, die Depression ist seine Welt, da er nicht wirklich trauern kann. Er trägt die Einstellung: ‚Das kann ich nicht, das schaffe ich nicht, das ist mir zu viel, das wird sowieso nichts‘ wie ein Plakat vor sich her, und wehe, man will ihm das ausreden“ (Maaz 2012, S. 68f).

Auf den *unbewussten Charakter* beider Strategien (Größenselbst und Größenklein) sei nochmals aufmerksam gemacht. Genauso wie auf die Tatsache, dass die hier beschriebenen Möglichkeiten, um den Liebesmangel zu kompensieren, einer starken Pauschalisierung unterliegen und extreme Ausprägungsformen darstellen. Ein Großteil der Personen befindet sich vermutlich irgendwo zwischen den beiden Strategien, wobei auch ein Hin-und-her-Springen zwischen den beiden Varianten als durchaus denkbar erscheint (Maaz 2012, S. 43f).

Unabhängig davon, welcher der beiden Strategien – vielleicht auch beider – sich der Betroffene bedient, um den frühzeitig erfahrenen Liebesmangel abzuwehren, birgt diese Form der nicht-produktiven Persönlichkeitsentwicklung ein gesundheitliches Risiko, weil eben nicht das primäre Ziel der Selbstverwirklichung und unabhängigen Entfaltung der menschlichen Eigenkräfte, sondern vielmehr der Wunsch, etwas nachzuholen, zum entscheidenden Antreiber vieler Lebensäußerungen geworden ist. Dies wiederum unterstützt einen Teufelskreis der Entfremdung und Empathieunfähigkeit, der von einer Generation auf die nächste Generation übertragen wird, und demnach das zwischenmenschliche Miteinander zunehmend von narzisstischen und nicht-produktiven Verhaltensweisen durchdrängt wird. Eine echte und gefühlvolle Beziehung zwischen zwei Menschen erscheint immer schwerer zu werden. Folglich spielt die Fähigkeit, Empathie entwickeln, echte Gefühle zeigen und ausleben zu können, für ein gesundes, menschliches und produktives Miteinander eine entscheidende Rolle. Außerdem kann dem frühzeitig erfahrenen Liebesmangel dadurch präventiv entgegengewirkt werden. Diesen Erkenntnissen sollte innerhalb aktueller sowie kommender individueller und gesamtgesellschaftlicher Bemühungen mehr Aufmerksamkeit geschenkt werden.

c) Neville Symington und „Narzissmus“

In seinem Buch „Narzissmus – Neue Erkenntnisse zur Überwindung psychischer Störungen“ beschreibt Neville Symington[22] (2012) die Entstehung einer narzisstischen Charakterorientierung auf der Grundlage einer frühzeitig stattfindenden *Wahl* unterhalb der Bewusstseinsschwelle. Diese Wahl erfolgt häufig in den ersten Kinderjahren, aber auch immer wieder im späteren Erwachsenenalter. Als Wahlmöglichkeiten unterscheidet er zwischen der *narzisstischen Option* und dem *Lebensspender*, wobei eine Entscheidung für das Eine, ein Fortbestehen des Anderen nicht gänzlich ausschließt.

Das menschliche Selbst besteht immer aus verschiedenen Teilen (‚gute‘ und ‚schlechte‘ bzw. ‚positive‘ und ‚negative‘) und das grundlegende psychologische Problem für den Menschen ist darin zu sehen, alle diese verschiedenen Teile zu einem harmonischen Handeln zu veranlassen (Symington 2012, S. 40f).

Jemand der sich immer anders verhält und sich mal von der einen und mal von der anderen inneren Persönlichkeit beherrschen lässt, wird im allgemeinen Sprachgebrauch oft als ‚schwach‘ oder ‚labil‘ eingeschätzt. Während jemand als ‚starke‘ und ‚gefestigte‘ Persönlichkeit wahrgenommen wird, dessen Ich durch alle seine Teile und mit ihnen in Einklang handelt (Symington 2012, S. 46). Demzufolge kann der narzisstischen Option und dem Lebensspender, für das innerseelische Gleichgewicht, eine wichtige Bedeutung beigemessen werden. Doch was verbirgt sich eigentlich hinter diesen Begrifflichkeiten und welche Auswirkungen haben sie auf die emotionale Entwicklung, das heißt, auf das Denken, Fühlen und Handeln eines Menschen?

---

[22] Symington, N. (2012). Narzissmus – Neue Erkenntnisse zur Überwindung psychischer Störungen. Gießen: Psychosozial-Verlag.

Beginnen möchte ich mit einigen Ausführungen zur narzisstischen Option: Symington stellt fest, dass es zu einer Entwicklung narzisstischer Charakteranteile immer dann kommt, wenn die Libido oder das Ich, das eigene Selbst zum erotischen Objekt ausgewählt hat (Symington 2012, S. 47). Folglich empfinden die Betroffen nur noch das für wichtig und bedeutsam, was die eigene Person und das eigene Leben betrifft. Nahezu alles außerhalb des eigenen Selbst wird für den narzisstischen Menschen als weniger wertvoll empfunden, so dass er sich mit dieser nicht-produktiven (Lebens-)Einstellung zwangsläufig recht einsam fühlen muss, eben weil er in seinem Inneren nur mit sich selber beschäftigt ist. Dieses narzisstische Erleben seiner selbst soll später noch einmal aufgegriffen werden. Zunächst einmal möchte ich den Begriff des Lebensspenders in die Erläuterungen aufnehmen und versuchen einen Zusammenhang zwischen diesem und dem eigenen Wohl herzustellen.

Bleiben wir bei der Auffassung, dass der Narzisst sein eigenes Selbst zum Liebesobjekt ausgewählt hat, so müssen wir feststellen, dass es neben dieser Wahl noch etwas Anderes geben muss. Denn immer dann, wenn wir uns für etwas entscheiden, muss es daneben noch etwas anderes geben, für das wir uns nicht entschieden haben. Anders formuliert würde das heißen: Wenn wir unser eigenes Selbst zum Liebesobjekt ausgewählt haben und dieses ins Zentrum unseres Denkens, Fühlens und Handelns stellen, dann muss es daneben noch eine Alternative geben, für die wir uns nicht entschieden haben. Diese Alternative beschreibt Symington als den Lebensspender.

Bevor ich einen Versuch unternehmen möchte den Lebensspender zu definieren, soll darauf eingegangen werden, was dieser zu bewirken im Stande ist. Entscheiden wir uns für unseren Lebensspender und nicht für die narzisstische Option, so bewahren wir uns die menschliche Fähigkeit, auf unsere soziale Umgebung positiv einwirken zu können und diese verantwortungsvoll gestalten zu können. Insbesondere bleiben wir fähig, eine Veränderung in den emotionalen Antworten und Verhaltensweisen der Menschen um uns herum bewirken zu können (Symington 2012, S. 48f). Damit soll nicht die Fähigkeit gemeint sein, auf andere Menschen manipulativ und strategisch einzuwirken, diese Fähigkeit ist vielmehr dem Narzissten zuzuschreiben, sondern die Fähigkeit, die eigene soziale Lebenswelt schöpferisch und aktiv mitgestalten zu können. Personen, die ihrem Lebensspender folgen, sind in der Lage andere Menschen zum Lachen zu bringen, ohne dass sich eine bestimmte Absicht dahinter versteckt. Von ihren Mitmenschen werden sie häufig als Personen beschrieben, von denen eine positive Energie bzw. Schwingung ausgeht, welche sich angenehm auf das eigene Gemüt auszuwirken scheint. Diese positive Kraft kann sich jedoch nicht herausbilden, wenn die Wahl zu Gunsten der narzisstischen Option ausgefallen ist bzw. wenn wir uns dafür entschieden haben, nur noch uns selber zu ‚lieben'.

Neville Symington beschreibt den Lebensspender als ein Objekt außerhalb des Selbst, das erst durch seine Wahl ins Innere aufgenommen und somit zur Quelle schöpferischer emotionaler Handlungen werden kann (Symington 2012, S. 54). Wenn beispielsweise ein bestimmtes Risiko vorhanden ist, dass ein angestrebtes Vorhaben schlecht ausgehen könnte, wir uns aber dennoch für diese so wichtige Sache entscheiden, dann haben wir unseren eigenen Lebensspender gewählt. Kurz gesagt, immer wenn wir unserem wahren Selbst folgen und uns nicht von unserem narzisstischen Ego einengen und beängstigen lassen, haben wir unseren Lebensspender gewählt. Einige Situationen, die beispielhaft für eine Wahl des eigenen Lebensspenders stehen, sollen im nächsten Abschnitt noch angedeutet werden.

Abschließend bleibt festzuhalten, dass der Lebensspender immer im Selbst entsteht, sobald wir uns für ihn entscheiden und ihn wünschen. Durch die getroffene Wahl wird er zum inneren Handlungsprinzip (Symington 2012, S. 69), das heißt zu einer bestimmten Form der Lebenspraxis.

Durch den Akt der Verinnerlichung des Lebensspenders entsteht auch die Fähigkeit, sich über gewisse Formen der gesellschaftlichen Konditionierung hinwegsetzen zu können, wie zum Beispiel was trendig und angesagt ist oder wie man sich verhalten sollte. Personen, die ihrem Lebensspender folgen bleiben sich treu, leben authentisch und treten schöpferisch mit ihrer Außenwelt in Beziehung.

Erst durch die Entscheidung gegen den eigenen Lebensspender und für die narzisstische Option entsteht innere Passivität, Antriebslosigkeit, Langeweile und Leere. Da der Lebensspender aber nicht komplett verdrängt werden kann, spaltet sich das Selbst. Der narzisstische Teil des Selbst verweigert und leugnet den Lebensspender, so dass die verschiedenen Teile des Selbst nicht mehr zu einen harmonischen Handeln zusammengeführt werden können. Das Ergebnis dieser Spaltung ist ein schmerzhaftes und angespanntes inneres Gefühlsleben.

Die narzisstische Person muss sehr viel Energie und Anstrengungen aufbringen, um ihre wahren Absichten und Motive zu verbergen und um ihr schwaches Inneres vor der Außenwelt zu verstecken. Für den Narzissten ist es jedoch unerträglich und äußerst schmerzhaft, sich schlecht zu fühlen bzw. diese Gefühle auszuhalten. Eine mögliche Strategie, um die schlechten Gefühle zu reduzieren, sieht er darin, ständig seine Mitmenschen zu manipulieren, die ihm immer wieder zeigen und beweisen müssen, dass er es schon recht macht und dass er ein toller Mensch ist. Der Narzisst beschäftigt permanent Personen in seinem Familien,- Bekannten- und Freundeskreis damit, ihm Antrieb und Bestätigung zu geben. Selber aber tut er nur so, als sei er mit seinen Gefühlen und Gedanken bei seinem Gegenüber. Er zeigt vielleicht Aufmerksamkeit und täuscht eine gewisse

Form von Interesse vor, doch in Wirklichkeit ist er völlig unbeteiligt an der Situation. Häufig sind ihm die Belange der anderen schlicht weg nicht so wichtig. Da der Narzisst mit seiner emotionalen Abwesenheit aber nicht anecken und auffallen möchte, sich dieser möglicherweise sogar schämt, versucht er sein narzisstisches Selbst zu verbergen. Was würde die Gesellschaft von ihm denken, wenn herauskäme, dass er kein echtes Interesse für das Leben seiner Mitmenschen aufbringen kann und er nur an seinem eigenen Wohlbefinden Interesse findet?

Selber hat er den Weg zu seinem wahren Selbst versperrt und somit auch den Weg zur Gesundheit. Er besitzt nicht die Fähigkeit, die Quelle seines eigenen Handelns zu sein. Er muss Energie opfern, um gesellschaftsfähig zu sein und um sich innerhalb zwischenmenschlicher Beziehungen bewegen zu können. Jeder Kontakt zu anderen Personen wird als Last und als etwas Anstrengendes empfunden und obwohl er in vielen Bereichen erfolgreich ist, wird er von einem unterschwelligen Gefühl begleitet, sich durchgemogelt zu haben und ein Betrüger und Lügner zu sein. Sein Gewissen meldet sich immer wieder mal zu Wort und lässt ihn spüren, dass das Prinzip, nach dem er lebt, unecht ist (Symington 2012, S. 76).

Wird der Narzisst mit seinem unechten Selbst konfrontiert, reagiert er sehr schnell gekränkt und außerordentlich verletzlich. Generell macht er großes Aufhebens davon, wenn etwas nicht so funktioniert, wie er es sich wünscht. Besonders sichtbar wird seine Verletzlichkeit, wenn er kritisiert oder verlassen wird, denn er ist ein König, den man frustriert hat (Symington 2012, S. 71f).

IV. Ein Prozess – Der Sinn des Lebens!

1. Der ‚ideale' Weg – eine Seltenheit?

Was macht den inneren Kern des Menschen aus und was soll das überhaupt sein? Was bedeutet es, der Stimme seines Inneren zu folgen und sich nach dieser zu entfalten und was heißt es, das Leben entsprechend seiner menschlichen Eigenkräfte auszurichten? Eigenkräfte – noch so ein (komplexes) Wort.

Was könnte es mit diesen Fragen auf sich haben und wie könnte eine passende Antwort darauf lauten? Und mal darüber hinaus – wie kann es gelingen, sein Leben entsprechend der gefundenen Antworten zu gestalten? Oder verhält es sich vielleicht doch ganz anders und es gibt überhaupt nicht die passenden Antworten für Jedermann? Ist es tatsächlich so, dass jeder für sich selber herausfinden muss, was gut und was weniger gut für ihn ist, um den Weg zu seinem Inneren entdecken zu können – zu seinem wahren Selbst?

Ich persönlich empfinde bei diesen Fragen ein tiefes ‚Ja'! Um seinem inneren Kern näherzukommen, ist es unabdingbar den Weg der Eigenverantwortung und Selbsterkenntnis zu gehen. Es gibt viele Personen, seien es die Eltern, die Freunde, der/die Partner(in), Lehrer, Trainer oder andere unterstützende Mitmenschen, die einem auf der Suche nach Antworten hier und da ratsam und behutsam zur Seite stehen können. Der erste wahrhaftige Schritt in eine Richtung muss jedoch von jedem selber ausgeführt werden. Diese Erkenntnis ist nicht neu, klingt plausibel, einleuchtend, ja fast schon banal, doch zeigt uns die Realität nicht immer häufiger ein komplizierteres Abbild von Theorie und Praxis?

Bei der Ausarbeitung der beschriebenen Fallbeispiele zur Darstellung einer nicht-produktiven Charakterorientierung und deren Analysen mit Hilfe verschiedener Originalwerke, die mich auf meinem ganz persönlichen Weg zu einigen Antworten unterstützend begleiten konnten, sind mir viele Begriffe und Beschreibungen zum inneren Kern des Menschen begegnet. Innerhalb der angesprochenen Werke wie auch in vielen weiteren Schriften (wie zum Beispiel Fromm[23] 1955; Gruen[24] 1987; Bauer[25] 2002; Maaz[26] 2007 u.v.m.), wird der innere Kern des Menschen immer wieder als *das wahre, das echte, das ursprüngliche Selbst* oder auch als *das authentische Selbst* beschrieben. Einige sprechen in diesem Zusammenhang auch von einer Verbindung zwischen innerem Kind und innerem Erwachsenen als das *höhere Selbst* (Chopich & Paul[27] 2012). Für andere wiederrum ist es ein Syndrom (Fromm[28] 1964), das sich aus den folgenden Komponenten zusammensetzt:

1. *die Liebe zum Leben,*
2. *die Liebe zum Nächsten, zum Fremden und zur Natur,*
3. *die Fähigkeit Unabhängigkeit und Freiheit zu leben bzw. zu wahren.*

Diese drei Komponenten (oder auch menschlichen Eigenkräfte/Fähigkeiten) haben einen maßgeblichen Anteil an der Ausprägung einer produktiven Charakterorientierung.

---

[23] Fromm, E. (1955). Wege aus einer kranken Gesellschaft. Eine sozialpsychologische Untersuchung. München: dtv.

[24] Gruen, A. (1987). Der Wahnsinn der Normalität. Realismus als Krankheit: eine Theorie der menschlichen Destruktivität. München: dtv.

[25] Bauer, J. (2002). Das Gedächtnis des Körpers – Wie Beziehungen und Lebensstile unsere Gene steuern. München: Piper Verlag GmbH

[26] Maaz, H. J. (2007). Die Liebesfalle – Spielregeln für eine neue Beziehungskultur. München: dtv.

[27] Chopich, E. J., Paul, M. (2012). Aussöhnung mit dem inneren Kind. Ullstein Buchverlage GmbH.

[28] Fromm, E. (1964). Die Seele des Menschen. Ihre Fähigkeit zum Guten und zum Bösen. München: dtv.

Was bei jedem der genannten Autoren in einer ähnlichen Art und Weise immer wieder aufgegriffen wird, ist der Punkt, dass es so etwas wie das wahre Selbst im Inneren eines jeden Menschen überhaupt gibt und dass dessen Entwicklung gelingen kann oder eben nicht. Innerhalb der vorangegangenen Beiträge konnte gezeigt werden, dass eine produktive Entwicklung des Menschen von verschiedenen Faktoren positiv geprägt, aber auch negativ behindert werden kann. Dabei konnten innerhalb der einzelnen Beispiele und Darstellungen nicht alle, sondern nur auserwählte Aspekte aufgegriffen werden, da die gesamte Thematik nicht mit einer allgemeingültigen und theoretischen Antwort abzutun und befriedigend zu lösen ist.

Mir persönlich erscheint der Vergleich des inneren Kerns mit einem *Lebensspender* (Symington[29] 2012) am geeignetsten. Der Lebensspender ist eine seelische Eigenkraft, für die wir uns in den verschiedensten Situationen unseres Lebens entscheiden können. Folgen wir unserem Lebensspender, so bleiben wir in Kontakt mit unserem wahren und echten Selbst und wir stehen dem Leben bzw. der Welt produktiv und schöpferisch gegenüber. Der Produktivitätsbegriff, so wie er bei Erich Fromm verwendet wird, wurde zu Beginn des Buches (Kapitel II, S. 13) aufgegriffen und definiert. An dieser Stelle sei nochmals angedeutet, dass es sich dabei um eine Entwicklung des Menschen handelt, die sich auf eine Herausbildung und Nutzung seiner menschlichen Eigenkräfte gründet. Diese Eigenkräfte haben einen maßgeblichen Einfluss auf die Entwicklung einer produktiven Lebensausrichtung, die wiederum auf psychischer wie auch auf physischer Ebene Energie in Form von innerem Antrieb, tiefer Freude oder auch Begeisterung und Gelassenheit entstehen lässt. Statt Energie zu verbrauchen, wird durch die Wahl des eigenen Lebensspenders Energie erzeugt. Damit ist eine we-

[29] Symington, N. (2012). Narzissmus – Neue Erkenntnisse zur Überwindung psychischer Störungen. Gießen: Psychosozial-Verlag.

sentliche Voraussetzung für das menschliche Wohlergehen bzw. für die psychische Gesundheit geschaffen. Man erlebt sich selber als echt, authentisch und frei.

Wie angesprochen möchte ich im Folgenden einige Beispiele (aus dem Leben) anbringen, die charakteristisch für eine Wahl des Lebensspenders stehen sollen. Selbstverständlich können die Beispiele von jedem erweitert oder auch revidiert werden.

- Jemand entscheidet sich gegen seine alte und für eine neue, kreativere Arbeitsstelle, auch wenn diese vielleicht weniger Gehalt verspricht.
- Jemand beendet eine unglückliche Beziehung und lernt erst einmal (mit sich) allein sein zu können, auch wenn das große Ängste erzeugen wird.
- Jemand hält eine ‚schwierige' Beziehung am Leben und fängt mit der Veränderung zuerst bei sich selber an, auch wenn das sehr viel Zeit in Anspruch nehmen wird.
- Jemand sagt zum medialen Rampenlicht ‚Nein', um seiner Familie und seinen Freunden näher zu sein.
- Jemand versucht sich selber und seine Gefühle besser kennenzulernen, auch wenn das sehr viel Mut erfordert.
- Jemand versucht seine Probleme und Konflikte zu lösen, auch wenn dadurch sehr viel Schmerz, Anstrengung und Leid verursacht werden.
- Jemand verzichtet auf übertriebene Fürsorglichkeit und ständiger Hilfsbereitschaft anderen gegenüber und kümmert sich erst einmal um sich selber, auch wenn dadurch neue Konflikte entstehen.

- Jemand versucht sein eigenes Ego besser kennenzulernen und an bestimmten Punkten zu überwinden, auch wenn er sich dafür immer wieder zurücknehmen und hinten anstellen muss.
- Jemand versucht auf ständige Bestätigung von außen zu verzichten, auch wenn das sehr viele Unsicherheiten und Ängste auslösen wird.

Erich Fromm spricht in diesem Zusammenhang von einem *Gesundheits-Gewissen*, das dem Menschen ein Gespür dafür gibt, was gut für ihn ist. Folgen wir dieser inneren Stimme, so gehorchen wir nicht einer fremden Autorität außerhalb unseres Selbst, sondern leben entsprechend unserer menschlichen Eigenkräfte auf ein Ziel ausgerichtet, das innerhalb unseres Organismus physisch und psychisch vorhanden ist und uns immer wieder anzeigt, wo wir richtig oder wo wir falsch unterwegs sind (Fromm[30] 2011, S. 34f).

Bleiben wir mit unserem Lebensspender im Kontakt, so bewahren wir uns die Möglichkeit uns (weitestgehend) unabhängig und frei von ständiger äußerer Zufuhr (in Form von ‚erzwungener' Aufmerksamkeit, Anerkennung oder Bestätigung), frei von aufgeblähter Selbstdarstellung, zur Schau gestellter Bedürftigkeit sowie selbstsüchtigen, narzisstischen, entfremdeten, entgrenzten, unterwürfigen oder manipulativen Verhaltenszügen zu entwickeln und zu leben. Unabhängig und frei bedeutet hier nicht, dass wir komplett auf äußere Einflüsse verzichten müssen, sondern vielmehr, dass innere Zufriedenheit, innere Gelassenheit und innere Aktivität bestehen bleiben, trotz ausbleibender äußerer Bestätigung und Befriedigung.

[30] Fromm, E. (2011). Über die Liebe zum Leben. München: dtv.

Wer seinem Lebensspender aufmerksam zuhört, der begibt sich auf einen lebenslangen inneren Reifeprozess und ist mit seinen menschlichen Eigenkräften stets in Berührung. Diese Eigenkräfte (nach Funk[31] 2005, S. 129f) können verschiedenste Gestalt annehmen – beispielsweise verbergen sich dahinter menschliche Eigenkräfte, wie etwa die psychische Fähigkeit zu vertrauen, zärtlich zu sein, sich zu konzentrieren, interessiert zu sein, zu lieben oder geistig-intellektuelle Fähigkeiten, wie zum Beispiel die Merkfähigkeit, die Denkfähigkeit, das Handlungswissen oder die Fantasie oder auch körperliche Fähigkeiten, wie zum Beispiel die Fähigkeit zur Fortbewegung oder die Muskelkraft.

Die ständige Nutzung und Einübung dieser menschlichen Eigenkräfte ist Grundvoraussetzung für die Entwicklung einer produktiven Charakterorientierung und somit entscheidend für die Herausbildung von:

- *produktiver Vernunft* (gemeint ist eine realitätsgerechte Wahrnehmung der inneren und äußeren Wirklichkeit),
- *produktiver Liebe* (gemeint ist eine liebende Bezogenheit bei Wahrung der Unabhängigkeit)
- und *produktiver Arbeit* (im Sinne einer schöpferischen Handlung).

Der Weg zum innerem Wohlergehen in Form von Gelassenheit, persönlichem ‚Glück', innerem Frieden, Harmonie, Unabhängigkeit oder wie auch immer wir diese Form der Entwicklung bezeichnen möchten, scheint durch einen solchen (idealen) Reifeprozess geebnet.

[31] Funk, R. (2005). Ich und Wir – Psychoanalyse des postmodernen Menschen. München: dtv.

2. Ein ‚gestörter' Prozess als (schwieriger) Umweg

Aus einer Vielzahl unterschiedlichster Gründe zeigt uns die Realität, dass eine produktive Nutzung und Entfaltung der Eigenkräfte und die damit einhergehende Entwicklung zu einer reifen und gesunden Persönlichkeit keine Selbstverständlichkeit darstellen. Hierzu möchte ich nochmal auf die einzelnen Beispiele zur Darstellung einer nicht-produktiven Charakterorientierung verweisen, jedoch auf weitere Wiederholungen und Erläuterungen verzichten. Eines sei aber nochmals angemerkt:

Die Ausprägung der menschlichen Eigenkräfte ist stets individuell und von den erlebten Bindungs- und Beziehungserfahrungen sowie ihrer ständigen praktischen Einübung abhängig. Eine freud-, gefühl- und lieblose, empathiearme, monotone, einseitige, abhängige, bedürftige, unmenschliche, entgrenzte, entfremdete – die Aufzählung könnte mit Sicherheit noch weiter geführt werden – gekennzeichnete Entwicklung des Menschen, kann dazu beitragen, dass die menschlichen Eigenkräfte verkümmern bzw. sich erst gar nicht optimal entfalten. Folglich erlischt der Lebensspender an einem bestimmten Punkt der Entwicklung – meist schon in der frühen Kindheit – so dass die Betroffenen schon sehr zeitig auf die Möglichkeit verzichten müssen, ihr wahres Selbst (optimal) wachsen zu lassen.

Nicht selten entwickeln die Betroffenen tief in ihrem Inneren, unglücklicherweise ohne es selber zu erkennen, eine nicht-produktive Orientierung (meist) in Form eines narzisstischen Charakterpanzers. Dieser hat die Funktion die früh erlittenen seelischen Schmerzen und die damit verbundenen Ängste und Gefühle abzuwehren, so dass sie zu einem späteren Zeitpunkt nicht noch einmal durchlebt werden müssen (Röhr[32] 2005; Maaz[33] 2012, Symington[34], 2012).

Erich Fromm bringt die Narzissmusproblematik und ihre Auswirkungen mit folgenden Worten sehr treffend zum Ausdruck: „Der Narzißmus liegt allen schweren psychischen Erkrankungen zugrunde. Für den narzißtischen Menschen gibt es nur eine Realität: die seiner eigenen Denkprozesse, Gefühle und Bedürfnisse. Er erlebt die Außenwelt nicht objektiv, er nimmt sie nicht objektiv wahr, das heißt nicht als etwas mit einem eigenen Standpunkt, mit eigenen Bedingungen und Bedürfnissen. [...]. Der Narzißmus ist der Gegenpol zu Objektivität, Vernunft und Liebe“ (Fromm[35] 1955, S. 37).

Narzisstische Personen haben tief in ihrem Inneren das Gefühl, als befänden sie sich in einem *Eisenofen* (Röhr 2005), der jeglichen echten Gefühlsausdruck nach außen und jede echte bzw. ernsthafte Beziehung zu seinen Mitmenschen und seiner Umwelt unmöglich macht. Dieser Eisenofen soll in erster Linie Schutz und Sicherheit bieten, doch auf Grund der fehlenden Empathie für alles außerhalb seiner Selbst erzeugt er unter anderem Einsamkeit, Entfremdung, Trostlosigkeit sowie Selbstzweifel und fördert die Entwicklung eines grandiosen oder bedürftigen Selbsterlebens.

---

[32] Röhr, H. P. (2005). Narzißmus – Das innere Gefängnis. München: dtv.

[33] Maaz, H. J. (2012). Die narzisstische Gesellschaft. Ein Psychogramm. München: C. H. Beck.

[34] Symington, N. (2012). Narzissmus – Neue Erkenntnisse zur Überwindung psychischer Störungen. Gießen: Psychosozial-Verlag.

[35] Fromm, E. (1955). Wege aus einer kranken Gesellschaft. Eine sozialpsychologische Untersuchung. München: dtv.

Laut den Ausführungen von Heinz-Peter Röhr in seinem Buch „Narzissmus – Das innere Gefängnis“ sind folgende Merkmale einer narzisstischen Persönlichkeitsstörung zuzuordnen:

- *eine übertriebene Selbstbezogenheit,*
- *ein unersättliches Bedürfnis nach Anerkennung,*
- *sowie die Übersteigerung des eigenen Selbst ins Grandiose.*

Um sich dem früh erlittenen Mangel (an Zuwendung, Bestätigung, Begrenzung usw.) und den damit verbundenen seelischen Qualen nicht erneut aussetzten zu müssen, wird, wie ausführlich gezeigt werden konnte, ein Pseudo- oder auch ein narzisstisches Selbst erzeugt, das den Nährboden für (oft unbewusst) tiefwirkende Minderwertigkeitsgefühle, Spannungen und Identitätskrisen bildet und in besonders schwierigen Fällen sogar zum eigenen Selbsthass (Gruen[36] 1987) führen kann. Dadurch wird ein gesundheitliches Risiko unumgänglich und es ist nur noch eine Frage der Zeit, wann und in welcher Form sich die destruktiven Charakteranteile Ausdruck verschaffen.

Das narzisstische Selbst versucht sein ‚Unglück‘ oftmals durch übertriebe Leistungen/Anstrengungen aber auch durch eine ständige Bedürftigkeit/Hilflosigkeit zu kompensieren (hierzu auch Maaz 2012), um doch noch etwas ‚Glück‘ im Leben zu erfahren (bzw. zu erzwingen). Dieses Selbst scheint jedoch sehr instabil und unecht zu sein. Die Betroffenen wirken in der Regel recht kalt, unnahbar und sind in ihrer Persönlichkeit nicht (richtig) zu fassen. Äußerlich streben sie nach Perfektionismus und hochgesteckten Idealen, während davon in ihrem In-

[36] Gruen, A. (1987). Der Wahnsinn der Normalität. Realismus als Krankheit: eine Theorie der menschlichen Destruktivität. München: dtv.

neren recht wenig übrig bleibt. Oftmals empfinden sie ein lähmendes Gefühl, das einer Lüge gleichkommt – als würden sie sich selber und allen anderen in ihrem Umfeld etwas vormachen.

Wieweit die Entwicklung einer narzisstischen (nicht-produktiven) Charakterorientierung durch gesellschaftliche Bedingungen (wie zum Beispiel Wettbewerb, Konsumismus, Leistungs- und Konkurrenzdenken, Wachstumsstreben, Entgrenzungsstreben usw.) vorgeprägt wird, soll an dieser Stelle nicht weiter beurteilt werden. Bei Interesse an einer gründlicheren Darstellung und Beschreibung der Zusammenhänge tiefenpsychologischer und gesamtgesellschaftlicher Aspekte empfiehlt es sich, die verschiedenen Ansätze und Kerngedanken der Originalwerke anzuschauen.

Für einen besseren Umgang und ein objektiveres Verständnis der narzisstischen Charakterorientierung sollen an dieser Stelle die diagnostischen Kriterien[37] der narzisstischen Persönlichkeitsstörung nach DSM-IV[25] (Röhr 2005, S. 183) aufgelistet werden.

Der vom Narzissmus betroffene…

1. hat ein grandioses Gefühl der eigenen Wichtigkeit (übertreibt zum Beispiel die eigenen Leistungen und Talente; erwartet, ohne entsprechende Leistungen als überlegen anerkannt zu werden);
2. ist stark eingenommen von Phantasien grenzenlosen Erfolgs, Macht, Glanz, Schönheit oder idealer Liebe;

[37] DSM-IV[25]: Diagnostic and Statistical Manual of Mental Disorders.

3. glaubt von sich, „besonders“ und einzigartig zu sein und nur von anderen besonderen oder angesehenen Personen verstanden zu werden oder nur mit diesen verkehren zu können;

4. verlangt nach übermäßiger Bewunderung;

5. legt ein Anspruchsdenken an den Tag, das heißt übertriebene Erwartungen an eine besonders bevorzugte Behandlung oder automatisches Eingehen auf die eigenen Erwartungen;

6. ist in zwischenmenschlichen Beziehungen ausbeuterisch, das heißt zieht Nutzen aus anderen, um die eigenen Ziele zu erreichen;

7. zeigt einen Mangel an Empathie; ist nicht willens, die Gefühle und Bedürfnisse anderer zu erkennen oder sich mit ihnen zu identifizieren;

8. ist neidisch auf andere oder glaubt, andere seien neidisch auf ihn/sie;

9. zeigt arrogante, überhebliche Verhaltensweisen oder Haltungen.

Mindestens fünf der angeführten Kriterien müssen erfüllt sein, um eine narzisstische Persönlichkeitsstörung bestimmen zu können. Hierbei sei ausdrücklich darauf verwiesen, dass es sich bei den dargestellten Typus um eine pathologische Persönlichkeitsstruktur handelt und die Mehrzahl der Bevölkerung (möglicherweise) irgendwo zwischen dem ‚Normalen‘ und ‚Pathologischen‘ einzustufen ist.

Ob es Wege und Chancen gibt, um die eigenen narzisstischen Anteile umzukehren oder in eine gesündere Richtung zu lenken, soll im nächsten Abschnitt diskutiert werden.

3. Trotz Umweg ans ‚Ziel' gelangen

Der erste notwendige Schritt, um den narzisstischen Charakterpanzer zu durchbrechen und sich aus dem kalten Eisenofen zu befreien, ist, wie eingangs bereits besprochen wurde, im Prozess der Selbsterfahrung/Selbsterkenntnis zu finden (Kapitel II). Dieser Prozess bedarf enormer individueller Bemühungen und Anstrengungen, denn je stärker die narzisstischen Anteile ausgeprägt sind, desto größer wird der Widerstand sein, die eigene Unzulänglichkeit und Begrenzung wahrzunehmen und anzuerkennen, dass der ‚Fehler' auf der eigenen Seite liegt. Kritik an der eigenen Person wird der Narzisst vehement abwerten und versuchen den anderen als unehrlich, schlecht, ungebildet und gefühlsarm darzustellen (Fromm[38] 1964, S. 75). Erst nachdem die eigenen narzisstischen Tendenzen aufgedeckt und akzeptiert werden können, existiert eine Chance den eigenen Narzissmus in eine andere Richtung umzulenken.

Neville Symington vergleicht die narzisstische Charakterorientierung mit einer inneren Mentalität, welche die geistig-seelische Einstellung einer Person gegenüber inneren und äußeren Ereignissen widerspiegelt (Symington[39] 2012, S. 83f). Da diese Einstellung tief innerhalb der Person verwurzelt ist, kann eine Änderung natürlich nicht von heute auf morgen erzielt werden und auch schon gar nicht ohne den Einsatz großer Bemühungen. Dennoch bleibt festzuhalten – und das allein ist Grund genug den Mut und die Kraft für eine Änderung zu mobilisieren – dass die Fakten der eigenen Lebensgeschichte wandelbar sind und es demzufolge möglich ist, den eigenen Narzissmus einzudämmen. Symington geht

[38] Fromm, E. (1964). Die Seele des Menschen. Ihre Fähigkeit zum Guten und zum Bösen. München: dtv.

[39] Symington, N. (2012). Narzissmus – Neue Erkenntnisse zur Überwindung psychischer Störungen. Gießen: Psychosozial-Verlag.

sogar davon aus, dass die narzisstischen Elemente in unserem Verhalten anfangen sich aufzulösen, sobald es uns gelingt, diese zu erkennen und uns einzugestehen (Symington 2012, S. 83).

Warum aber ist es so schwierig, den eigenen Narzissten in unserem Inneren aufzuspüren? Was ist der Grund dafür, dass wir diese Anteile in unserem Verhalten lieber verstecken, geheim halten und oftmals sogar versuchen zu verdrängen bzw. abzuspalten?

Symington stellt fest, dass die Entwicklung einer narzisstischen Persönlichkeitsstruktur fast immer das Produkt eines Traumas[40] in der Vergangenheit darstellt und dass die damit einhergehende narzisstische Funktionalisierung – die Grandiosität und die Verleugnung von Teilen des Selbst, sowie von schmerzhaften Erinnerungen und Gefühlen – immer eine Abwehrstrategie darstellt (Symington 2012, S. 97f).

Der Narzisst hat große Angst, das erlebte Trauma erneut wahrnehmen und durchleben zu müssen und verwendet daher alle Energie dafür, es nicht ins Bewusstsein gelangen zu lassen. Dafür ist ihm nahezu jedes Mittel recht. Doch genau an diesem Punkt befindet sich eine mögliche Chance, dem inneren Narzissmus den ‚Kampf' anzusagen. Erst wenn die emotionale Wirklichkeit der traumatischen Ereignisse berührt wird und der Betroffene auf die Strategie der Verdrängung und Leugnung verzichtet, bewahrt er sich die Möglichkeit sich von seinen narzisstischen Anteilen zu befreien.

[40] Symington führt an dieser Stelle den Begriff des kumulativen Traumas ein, welches besagt, dass Menschen auch durch den emotionalen Charakter ihrer Eltern oder unmittelbaren Bezugspersonen traumatisiert werden können. Beispielhaft nennt er eine gefühlskalte Mutter und einen gefühlskalten Vater, die dafür verantwortlich sind - auch wenn ihnen das oft unbewusst bleibt - dass das Kind eine kalte, herzlose und verschlossene Identität annimmt.

Die Intensität und Stärke der eigenen narzisstischen Züge hängt sehr stark vom durchlebten Trauma ab. Das heißt, je schlimmer das subjektive Empfinden der traumatisierenden Ereignisse war und immer noch ist, desto tiefer wird sich der Narzissmus innerhalb der Charakterstruktur festsetzten. Folglich benötigt die gesunde Seite der Persönlichkeit mehr Unterstützung und Zuwendung, so dass es doch noch gelingen kann, sich von seinem früheren Trauma emotional abzuwenden und somit die narzisstischen Anteile klein(er) werden zu lassen (Symington 2012, S. 105).

Eine ähnliche Auffassung vertritt Hans-Joachim Maaz[41] (2012) in seinem Buch „Die narzisstische Gesellschaft". Um sich von der *Narzissmus-Falle* befreien zu können „muss die Lebensgeschichte erinnert werden, es müssen die guten wie die schlechten Einflüsse auf die eigene Entwicklung identifiziert, die damit verbundenen Gefühle zum Ausdruck gebracht und schließlich neues Verhalten eingeübt und eine veränderte Lebensweise ins soziale Umfeld integriert werden [...]" (Maaz 2012, S. 175f). Das bedeutet, dass es neben der Reflexion der eigenen Lebensgeschichte, unbedingt notwendig ist, die damit verbundenen Gefühle zu verstehen und an entsprechender Stelle auszuleben. „Nur der Schmerz ist das Tor zu einem freieren Leben. Deshalb hat die Gefühlsarbeit – die Möglichkeit, frühe Gefühle zum Ausdruck zu bringen, etwa Wut über verletzende Behandlung, Schmerz über den Liebesmangel und Trauer über verhinderte und damit verlorene Lebensmöglichkeiten – einen zentralen Stellenwert in der Behandlung der narzisstischen Störung" (Maaz 2012, S. 177).

Ebenso wichtig ist es, sich darüber im Klaren zu sein, dass Narzissmus nicht zwingend negativ sein muss – er in vielen Fällen sogar (über)lebensnotwendig ist – wenn es sich dabei um einen gesunden Narzissmus in Form von gesunder

[41] Maaz, H. J. (2012). Die narzisstische Gesellschaft. Ein Psychogramm. München: C. H. Beck.

Selbstliebe handelt. Diese entwickelte Selbstliebe ist Grundvoraussetzung für eine ‚gelingende' Lebenspraxis, wie sie in diesem Buch beschrieben wird. Nur wenn wir uns selber lieben können und wertschätzend mit uns und unserem Leben umgehen, sind wir auch in der Lage unsere Mitmenschen zu lieben. Mit Mitmenschen meine ich hier nicht nur die eigenen Familienangehörigen, die eigene Partnerin oder den eigenen Partner, sondern in gewisser Weise jeden Menschen, der unser Leben berührt und noch viele mehr. Sobald die eigene Liebe nur für eine einzelne Person reserviert wird, kann nicht mehr von Liebe im Sinne einer reifen Liebe gesprochen werden (Fromm[42] 2011, S. 178).

Ein gesundheitliches Risiko entsteht häufig immer dann, wenn die narzisstische Orientierung bzw. die eigene Selbstliebe pathologische Formen angenommen hat. Mögliche Ursachen und Diagnosekriterien des ungesunden Narzissmus konnten aufgezeigt werden. Folglich spielt die Entwicklung der eigenen Liebesfähigkeit (sich, seiner Umwelt und anderen gegenüber) für die Behandlung des pathologischen Narzissmus eine zentrale Rolle.

Erich Fromm[43] (1956, S. 167f) vergleicht die Fähigkeit zur reifen Liebe mit einer Kunst, dessen Ausübung man erlernen kann. Ähnlich wie andere Künste, erfordert sie ganz bestimmte menschliche Voraussetzungen und Fähigkeiten, um sie wahrhaft praktizieren zu können.

Hierzu zählt er unter anderem…

- *die Fähigkeit zur Disziplin,*
- *die Fähigkeit zur Konzentration,*

[42] Fromm, E. (2011). Über die Liebe zum Leben. München: dtv.

[43] Fromm, E. (1956). Die Kunst des Liebens. München: dtv.

- *die Fähigkeit zur Geduld,*
- *die Fähigkeit, ein Gespür für die eigenen Bedürfnisse zu bekommen*
- *und auch die Fähigkeit, sich für eine Sache mit aller Kraft und Energie hinzugeben.*

Diese Fähigkeiten gilt es zu trainieren und stets anzuwenden, denn nur so kann es gelingen, in der Kunst des Liebens – aber auch in anderen Künsten wie zum Beispiel in seinem Hobby oder in seiner Arbeit gut zu sein – voranzuschreiten. Weitere notwendige Voraussetzungen, um wahrhaft lieben zu können, findet Fromm (1956, S. 183f) innerhalb der Fähigkeiten…

- *seinen eigenen Narzissmus zu überwinden,*
- *Objektivität bzw. Vernunft zu entwickeln,*
- *Glaube (in sich selbst) zu finden, ohne sich einer äußeren Autorität zu unterwerfen,*
- *Demut auszuüben,*
- *Mut für Entscheidungen und Verantwortung zu entfalten*
- *und Aktivität im Sinne eines spontanen aus sich heraus Tätigseins zu entwickeln.*

An diesem Punkt meiner Ausführungen zur Entwicklung der eigenen Liebesfähigkeit möchte ich den Begriff der *Bezogenheit* einbringen, wie er auch schon bei Fromm & Funk[44] Verwendung fand.

Der Mensch „[…] muss auf die Wirklichkeit bezogen sein; er muss auf andere Menschen bezogen sein; er muss auf sich selbst bezogen sein, indem er eine Vorstellung von sich selbst entwickelt und auch eine Vorstellung von dem, wer er sein und werden möchte und wer er nicht sein und nicht werden möchte; er braucht einen Rahmen der Orientierung und er braucht ein Objekt der Hingabe, um sein Bedürfnis nach Bezogensein zu befriedigen. Philosophie, Religion, Wissenschaft, Kunst, Technik, Kultur – alles, was sich als typisch menschlich erweist – resultiert aus dem spezifischen Bedürfnis des Menschen, bezogen zu sein. Sowohl sein körperliches als auch sein psychisches Überleben hängt davon ab, dass das Bedürfnis nach Bezogenheit befriedigt wird“ (Funk 2013).

Da es dem Narzissten sehr schwer fällt, mit seiner Innen- und Außenwelt eine echte Verbindung herzustellen, scheint er sein Bedürfnis nach Bezogenheit auch nicht befriedigend zu erfüllen, so dass er zwangsläufig eine innere Unzufriedenheit sowie Gefühle der Verstimmung und des Unbehagens verspüren muss. In diesem Zusammenhang existiert möglicherweise ein weiterer Ansatzpunkt, um den eigenen Narzissmus umzukehren und sich aus dem kalten Eisenofen Stück für Stück befreien zu können. Wie dieser Wandel aussehen könnte soll im Folgenden kurz skizziert werden, woraufhin jeder für sich selbst entscheiden und herausfinden kann, wie die einzelnen Vorschläge praktisch umgesetzt werden könnten.

[44] Funk, R. (2013). Was den Menschen gelingen lässt. Zur Aktualität der Psychoanalyse Erich Fromms. Gastvortrag am 18. Juni 2013 an der Internationalen Psychoanalytischen Hochschule Berlin.

Für eine Abkehr von der narzisstischen Lebensweise kann es förderlich und hilfreich sein,

- die eigenen Lebensumstände (wie sie zum Beispiel im Berufs- und Freizeitleben ihren Ausdruck finden) mehr in Bereiche gemeinnütziger/helfender/unterstützender Tätigkeiten zu verlagern, bei denen soziale Aktivität, soziales Engagement bzw. das zwischenmenschliche Miteinander im Fokus stehen

- und gesellschaftliche Bereiche und Situationen zu meiden, in denen eher das zwischenmenschliche Gegeneinander gefördert und unterstützt wird und Selbstsucht, Egoismus, Zerstörung auf der Tagesordnung stehen. Um welche Bereiche es sich dabei handeln könnte, möchte ich wie gesagt offen lassen.

- Ein weiterer Vorschlag – welcher möglicherweise aus den beiden vorangegangenen Punkten resultiert – kann darin gesehen werden mit sich selber einen positiveren Umgang zu pflegen und es (wieder) zu lernen mehr auf sein Inneres zu hören. Hierzu ist es wichtig, sich von einer Vielzahl der stresserzeugenden Faktoren unserer heutigen Lebensweise freizumachen, um den Weg zur inneren Harmonie und Entspannung (wieder) zu finden.

Unabhängig davon, wie eine solche Lebenspraxis im Einzelnen aussehen könnte, wird deutlich, dass durch einen solchen Lebenswandel alte Gewohnheiten und feste Verhaltensweisen aufgebrochen werden müssen und somit neue Erfahrungen im zwischenmenschlichen Kontakt automatisch hinzukommen. Dadurch wird inneres Wachstum genährt und bestenfalls die Voraussetzungen geschaffen, wieder eine echte Beziehung zu seinen Mitmenschen und eine echte Verbindung mit der eigenen Gefühlswelt entwickeln zu können. All das hat einen maßgeblichen Anteil daran, dass das Bedürfnis nach Bezogenheit nicht mehr vernachlässigt wird und somit der harte und kalte Charakterpanzer anfängt, immer brüchiger zu werden.

Auf einen gesamtgesellschaftlichen Kontext bezogen, möchte ich folgende Vorschläge von Hans-Joachim Maaz (2012) anbringen, welche notwendig sind, um die Narzissmusproblematik[45] nicht (weiterhin) zur Normalität werden zu lassen.

„Wenn wir die destruktiven Folgen der narzisstischen Problematik vermeiden wollen, müssen wir uns ernsthaft und engagiert folgenden Aufgaben zuwenden:

Wir müssen einer Wachstumsideologie entkommen, die sich aus narzisstisch unbefriedigten Bedürfnissen speist. Dazu müssen wir ‚Wohlstand' und ‚Wachstum' nicht vorrangig materiell, sondern bezogen auf die Qualität und Entwicklung unserer sozialen Beziehungen verstehen.

Wir müssen eine ‚Leistungsgesellschaft' verlassen, die der Kompensation seelischer Defizite dient. Dazu müssen wir ‚Leistungen' nicht vorrangig nach Geld- und Marktwerten beurteilen, sondern im Hinblick auf individuelle Möglichkeiten sowie soziale und ökologische Notwendigkeiten. Wir müssen lernen natürliche Begrenzungen zu akzeptieren.

Wir dürfen Partnerschaft und Freundschaft, Liebe und Sexualität nicht vorrangig mit ‚Übertragungen' belasten, die aus unerfüllter narzisstischer Sehnsucht resultieren. Vielmehr sollen sie in einer ‚Beziehungskultur' gelebt und als befreiend und lustvoll erfahren werden können. Das ist nur auf der Grundlage ehrlicher Mitteilungen und eines offenen Gefühlsausdruckes möglich, mit dem das Mög-

[45] Maaz geht in seinem Buch „Die narzisstische Gesellschaft" davon aus, dass unsere Gesellschaft bereits in die „Narzissmus-Falle" geraten ist. Welche Beispiele er für diese Entwicklung anbringt sind dem Originalwerk zu entnehmen.

liche gestaltet, Unterschiede verhandelt und Begrenzungen akzeptiert werden. Dazu bedarf es eines ausreichenden Selbstwertes, der sich durch Therapie sekundär erarbeiten lässt, der sich aber vor allem primär, durch bestmögliche Bestätigung und Zuwendung in der Frühbetreuung, entwickeln sollte“ (Maaz 2012, S. 215f).

So vielversprechend und wünschenswert der angesprochene individuelle und gesellschaftliche Wandel auch klingen mag, eines jedoch bleibt nicht zu unterschätzen und zwar, dass eine Überwindung narzisstischer Anteile als ein äußerst schwieriger Prozess zu betrachten ist, der sich als sehr zäh und teilweise auch als sehr langwierig entpuppen kann. Einmal eingeschlossen im Eisenofen bedarf es…

- eines langen und anstrengenden Prozesses der Selbsterkenntnis,
- einer Akzeptanz der eigenen Ängste, Schwächen, Unzulänglichkeiten und Begrenzungen,
- einer Reflexion und Anerkennung bisher verpasster Lebensäußerungen,
- eines intensiven Gefühlsprozesses und -ausdruckes,
- unterstützender – gemeint sind eher begleitender und einfühlender – Mitmenschen,
- einer verinnerlichten Akzeptanz und praktischen Umsetzung der Verantwortung für das eigene Leben,
- einer konsequenten Änderung von Gewohnheiten und bisheriger Verhaltensweisen
- sowie der Einsicht, dass es immer wieder zu Rückschlägen kommen kann.

Dieser Prozess kann unterschiedlichste Formen und Varianten annehmen, doch ist er unabdingbar, um zu seinem wahren Selbst zurückzufinden. Je mehr man sich diesem nähert, desto größer werden die Vorstellung und das damit einhergehende Gefühl vom eigenen Lebensspender. Um dieses Gefühl nicht als Momentaufnahme an sich vorbeiziehen zu lassen und dauerhaft an Stabilität zu verleihen, sind weitere mutige, geduldige und vernünftige Schritte erforderlich.

Die eigene narzisstische Lebensweise beginnt sich in dem Augenblick zu verändern, in dem wir damit anfangen, aktiv zu werden und etwas Neues zu erschaffen. Das Schöne am Leben ist es, dass es überhaupt möglich ist, die Art und Weise wie wir unseren Alltag gestalten, zu verändern. Unser Denken, Fühlen und Handeln ist nicht in Stein gemeißelt, nur unser narzisstisches Selbst behauptet das immer wieder. Wir können unser Bewusstsein ändern und sobald uns das gelungen ist, verändert sich die ganze Welt, so dass wir einen anderen Blick auf die emotionalen Ereignisse unseres Lebens – unserer Vergangenheit, unserer Gegenwart und unserer Zukunft – erhalten (Symington 2012, S. 117).

Irgendwann stellt sich ein wohlwollendes Gefühl von Einheit und Zufriedenheit ein, währenddessen eine Lebenspraxis, welche sich dem Konsum-, Gewinn- und Leistungsstreben verschrieben hat, immer bedeutungsloser wird. Der zwischenmenschliche Kontakt wird mitfühlender, während ständige Vergleiche mit anderen, Konkurrenzkämpfe, Wettbewerbssituationen und Vorteilsgedanken zunehmend ins Abseits geraten. Aus einer Ellbogenmentalität wird eine Mentalität des gemeinsamen Miteinanders, welche durch einen echten Kontakt im Hier und Jetzt gekennzeichnet ist. Die kleinen Dinge im Leben werden sichtbarer und der Alltag freudvoller, genügsamer, achtsamer und auch einfacher erlebt, ohne sich ständig von außen beleben lassen zu müssen. Das Bedürfnis an Konflikt- und Streitsituationen oder die Verhaltensweisen anderer Personen bewerten zu müssen, schwindet zusehend, während echte Momente der Wertschätzung, wohltuende Gefühle der Verbundenheit, ein zunehmendes Gespür der Liebe der anderen wie auch der tiefe Wunsch, etwas von dieser Liebe zurückzugeben, immer weiter anwachsen.

Mit diesem wünschenswerten Bild möchte ich meine Ausführungen an diesem Punkt zum Ende bringen und dem Leser für seine Geduld und sein Interesse herzlich danken und ihm alles Gute auf seinem persönlichen Weg mitgeben. Um es mit abschließenden Worten[46] auszudrücken: Sei selber die Veränderung, die du dir wünscht für diese Welt. Die entscheidende Frage ist stets, was wir selber für unser eigenes Wohl – und somit auch für das Wohl aller – beitragen können, ohne die Verantwortung stets nach außen abzugeben.

[46] Das ursprüngliche Zitat stammt von einem indischen Rechtsanwalt, Widerstandskämpfer, Revolutionär, Publizist, Morallehrer, Asket und Pazifist namens Mahatma Gandhi.

V. Abschließende Worte

Am Ende meiner Ausführungen ist es mir wichtig noch einige Worte zum (richtigen) Umgang mit dem Buch *(Gefühls)Leben* anzubringen.

Es soll nicht der Eindruck zurückbleiben, dass es ein Problem oder Risiko darstellt, wenn man nicht in jeder Situation und gegenüber jeder Person seine Gefühle frei und offen zum Ausdruck bringen kann oder möchte und damit eher sparsam, angemessen und behutsam umgeht. Jeder weiß, dass es zahlreiche Situationen im Leben gibt, in denen es hilfreich und angebracht ist, die aufkommenden Gefühle zunächst zurückzuhalten, erst einmal zu erforschen und diesen dann an geeigneter Stelle Ausdruck zu verleihen.

Ebenso möchte ich nochmals darauf hinweisen, dass jeder Mensch einzigartig und unverwechselbar ist. Diese Einzigartigkeit tritt auch innerhalb unserer verschiedenen Möglichkeiten zum Gefühlsausdruck in Erscheinung und macht den zwischenmenschlichen Kontakt so zu etwas ganz Besonderem und Vielfältigem.

Dass die Fähigkeit zum echten Gefühlsausdruck für das eigene Wohlergehen eine lebensnotwendige Eigenschaft besitzt, soll anhand der folgenden Risiken nochmal aufgegriffen werden.

Einerseits wird es immer dann problematisch, wenn die eigenen Gefühle abgespalten und verdrängt werden (müssen), aus welchen Gründen auch immer, und das daraus resultierende ‚falsche' Selbst im Inneren tiefwirkende Konflikte und Spannungen erzeugt. Die Betroffenen sind sich dessen auch in einer bestimmten Art und Weise bewusst bzw. haben ein Gespür dafür, dass mit ihnen irgendetwas nicht stimmt und es ihnen einfach nicht gelingen will, einen Zugang zu den eigenen Gefühle zu finden, geschweige denn, diese in einem echten Gefühlsausdruck auszuleben. Andererseits kann es zu Schwierigkeiten im Lebensvollzug kommen, wenn man es nur noch vermag, kalte, destruktive oder ‚schlechte' Gefühle, wie zum Beispiel Wut, Zorn oder Hass ausleben oder zulassen zu können, um sich lebendig zu fühlen. Das Leben wird in solchen Fällen oft als etwas Belastendes empfunden, das man zu bewältigenden hat und nicht als etwas, das man selber gestalten und genießen kann.

Vielleicht hinterlässt das Buch auch den Eindruck, als würde man entweder ein falsches oder ein echtes Selbst entwickeln und als wäre das zwischenmenschliche Miteinander entweder nur von Täuschung, Manipulation, Misstrauen, Gegeneinander, Schlechtem usw. oder nur von Echtheit, Vertrauen, Miteinander, Gutem usw. gekennzeichnet. An dieser Stelle möchte ich versuchen diesen Eindruck etwas abzumildern. Mir geht es nicht darum aufzuzeigen, dass der Mensch entweder gut oder schlecht bzw. produktiv oder nicht-produktiv ist, sondern vielmehr darum, dass er sich auf einem Kontinuum zwischen Produktivität & Nicht-Produktivität, Gut & Böse, Positiv & Negativ und auch Gesund & Ungesund bewegt und bestimmte Bedingungen und Voraussetzungen darüber entscheiden, wie stark er sich in die eine oder in die andere Richtung entwickeln kann. Die wenigsten Menschen befinden sich ausschließlich am äußersten Rand dieses Kontinuums. Dennoch deuten aktuelle Entwicklungen auf einen erheblichen Zuwachs psychischer Problematiken in den letzten Jahren hin, deren Ursachen möglicherweise innerhalb einer Zunahme nicht-produktiver Charakterorientierungen zu finden sind. Denkbare Zusammenhänge und Ursachen für diese Zunahme wurden angesprochen und sind den Originalwerken zu entnehmen.

Des Weiteren sei nochmals darauf aufmerksam gemacht, dass es so etwas wie das ‚richtige' oder das ‚falsche' Leben nicht gibt und jeder seinen eigenen Weg (zu Antworten) finden muss. Die Ausführungen in diesem Buch sollen einzig und allein Angebote zur Selbstreflexion darstellen.

Natürlich habe auch ich mich bei der Sichtung der verwendeten Literatur und beim Verfassen der Inhalte von *(Gefühls)Leben* immer wieder mit meinen eigenen narzisstischen und nicht-produktiven, aber auch produktiven Anteilen auseinandergesetzt bzw. auseinandersetzen müssen. Es gab sehr viele Momente der Freude, Energie und Produktivität, während es aber auch immer wieder zweifelnde und energieraubende Momente gab und ich meine eigene Lebenspraxis hinterfragen musste. Während dieser Momente gelangte ich oft zu der Frage, warum ich mich mit so einer Thematik beschäftigen muss und ob mir das gut tut bzw. ob es nicht sogar besser wäre, nach weniger Antworten zu suchen. Es kam auch schon mal vor, dass ich die Originalwerke beiseitelegen musste und erst nach einer bestimmten Zeit mit meinen Ausführungen weitermachen wollte. Während dieser Momente fand ich den notwendigen Halt bei besonderen Menschen, denen ich an dieser Stelle herzlich danken möchte.

Letzten Endes bin ich aber immer wieder zu der Erkenntnis gekommen, dass durch die erste Kerze Licht in meine eigene Dunkelheit gebracht wurde und es durch weitere Kerzen immer heller wurde. Das soll keinesfalls heißen, dass ich Erleuchtung o.Ä. gefunden habe und in diesem Buch zufriedenstellende Antworten auf alle wichtigen Fragen des Lebens zu finden sind. Was ich aber mit Gewissheit sagen kann, ist, dass ich mich durch die ‚Arbeit' an *(Gefühls)Leben* und die dabei empfundenen Gefühle und Gedanken auf dem beschriebenen Kontinuum in Richtung Produktivität zu bewegen und meinen eigenen Lebensspender wählen durfte – und daraus irgendwann auch der Wunsch entstanden ist, dem Leser davon ‚Etwas' abzugeben.

a) Was ist aus Rainer D. geworden?

Nach mehreren Jahren der Selbsterkenntnis/Selbsterfahrung befindet sich Rainer D. heute (wieder) auf dem für ihn vorgesehenen ‚richtigen' Weg zum Wohl-Sein. In seiner derzeitigen Lebenssituation kann er mit ruhigem Gewissen von sich behaupten, dass es ihm gut geht und er sich von Tag zu Tag immer besser in seiner eigenen Haut fühlt. Offenkundig verspürt er die auftretenden Probleme und Schwierigkeiten des Lebens immer weniger als Belastung, sondern eher als etwas Dazugehöriges, das er ändern und mitgestalten kann. Doch wie ist es dazu gekommen? Was hat er bis dahin unternommen, um an diesen Punkt anzugelangen?

Irgendwann im Laufe seiner weiteren Entwicklung ist Rainer D. zu dem Entschluss gekommen, dass er etwas Grundlegendes in seinem Leben verändern muss, wenn er durch seine anhaltenden Selbstzweifel auf der einen Seite und dem starken Streben nach Grandiosität auf der anderen Seite keinen (weiteren) gesundheitlichen Schaden nehmen möchte. Das Hin-und-her-Springen zwischen diesen beiden Extremen wird von Tag zu Tag schmerzhafter sowie unerträglicher, so dass ihm die daraus resultierenden inneren Konflikte keine andere Wahl mehr lassen, etwas zu verändern. Seine Beziehungen folgen alle dem gleichen chaotischen Muster und scheitern im emotionalen Durcheinander. Am Ende fühlt er sich nur noch leer, deprimiert und antriebslos. Er sieht überhaupt keinen Ausweg mehr, um seinen inneren ‚Stress' zu besänftigen und die ‚Einbahnstraße' seines Lebens zu verlassen. Er hat das Gefühl, dass er direkt ins Unglück steuert, ohne Orientierung und ohne eine (vernünftige) Zukunft.

An diesem Scheideweg seines Lebens angekommen, meldet sich sein Gesundheits-Gewissen immer heftiger zu Wort. Anfangs schenkt er seiner inneren Stimme noch kein Gehör und folgt wage der Idee, dass sich schon irgendwann alles zum Guten wenden wird. Doch seine zunehmende Unzufriedenheit zwingt ihn regelgerecht dazu über sich und seine Situation endlich einmal ernsthaft nachzudenken. Er fängt an sich immer mehr mit den Konsequenzen seines Verhaltens – für sein eigenes Leben aber auch für das Leben seiner Mitmenschen – auseinanderzusetzen und entwickelt eine furchtbare Angst davor, sich weiter in die ‚falsche' Richtung zu bewegen bis es möglicherweise irgendwann kein Zurück mehr gibt – kein Zurück mehr aus seiner ‚unglücklichen' Lage. Es dämmert ihm immer deutlicher, dass er sich selber und viele seiner Mitmenschen (weiter) in tiefe Trauer stürzen wird, wenn er jetzt nicht damit beginnt einen anderen Weg einzuschlagen. Viele kleine und große Verletzungen würden zu den bisher Bestehenden hinzukommen.

Nach langem Hin und Her ringt sich Rainer D. dazu durch den Weg der Selbsterkenntnis/Selbsterfahrung zu beginnen. Während zahlreicher Anläufe, vieler anstrengender Gespräche, diverser neuer Erfahrungen und der Auseinandersetzung mit jahrelang zurückgehaltenen Emotionen (wie zum Beispiel Wut, Trauer und auch Freude), ist er heute an einem Punkt angekommen, an dem es ihm gut geht und er sein Leben selber gestalten und genießen kann. Er fühlt sich entspannter, aktiver und fröhlicher als jemals zuvor. Beruflich ist er auf einen guten, abwechslungsreichen und kreativen Weg und sein Beziehungsleben ist von Vertrauen, Beständigkeit und Zärtlichkeit gekennzeichnet. Er lernt sich in vielen Momenten immer besser kennen und erlebt sich in einem ständigen Austausch mit sich selber, seinen Mitmenschen und seiner Umwelt. Er wächst innerlich zu einer reifen Persönlichkeit heran, mit dem Bewusstsein, dass es auch immer wieder zu Rückschlägen kommen kann und er die Verantwortung dafür trägt, wie er damit umgehen möchte. Er ignoriert seine innere Stimme nicht mehr, sondern schenkt ihr sehr viel Gehör und versucht mit ihr im Einklang zu leben.

Er lernt mit seinem inneren Zweifler umzugehen und erkennt, dass dieser ihn in der Vergangenheit häufig nur beschützen wollte. Zeitweilig ist er ihm dafür sogar dankbar, doch zukünftig möchte er den Mut aufbringen, sich für das Neue und Ungewisse zu entscheiden, ohne in seinem Verhalten ständig von seinen Ängsten geleitet zu werden. Mal gelingt es ihm, manchmal aber auch nicht – das ist in Ordnung so, er bleibt geduldig und wird immer sicherer und selbstbewusster im Umgang mit künftigen Aufgaben und Herausforderungen.

Dennoch durchlebt er immer wieder mal Phasen intensiver Angst, in denen er auch heute noch bis zu einem gewissen Grad immer wieder mal davor zurückschreckt erneut in alte Verhaltens- und Denkmuster zurückzufallen. Er versucht sich innerlich mit seinen Ängsten zu arrangieren und erinnert sich in diesen Momenten verstärkt an seine neu dazugewonnen Erkenntnisse und Erfahrungen auf seinem persönlichen Weg zum ‚Glück'. Diese Erkenntnisse und Erfahrungen kann ihm niemand mehr wegnehmen. Er macht dort weiter, wo er aufgehört hat und lebt mit seinem inneren Zweifler Seite an Seite.

Die folgende Erzählung von Jorge Bucay[47] (2013) soll beispielhaft für die Entwicklung von Rainer D. gedeutet werden und die gesamte Thematik zumindest an dieser Stelle abschließen.

[47] Bucay, J. (2013). Komm, ich erzähl dir eine Geschichte. Frankfurt am Main: Fischer Taschenbuch Verlag.

b) Jorge Bucay und „Der angekettete Elefant“

In dieser Erzählung geht es um einen kleinen Jungen, der sehr stark vom Glanz des Zirkus fasziniert ist. Besonders beeindruckt ist er vom Zirkus-Elefanten, denn niemals zuvor hat er ein so faszinierendes und mächtiges Lebewesen gesehen. Umso unvorstellbar ist für ihn die Tatsache, wie so ein großes Tier, mit so viel Kraft und Stärke, an einen so winzig kleinen Holzpflock angekettet bleibt und sich nicht einfach selber befreit.

Es wollte ihm einfach nicht in den Kopf, warum er nichts gegen seine Situation unternimmt. Es wäre doch eine Leichtigkeit für ihn – sich vor oder nach der Vorstellung – zu befreien und hinaus in die Freiheit zu entschwinden. Doch warum macht er es nicht?

Diese Frage begleitet den kleinen Jungen sehr lange Zeit. Anfangs vertraute er noch auf die Antworten der Erwachsenen, die ihm erklärten, dass der Elefant nicht flieht, weil er dressiert sei. Doch schon drängte sich die nächste Frage in ihm auf:

„Und wenn er dressiert ist, warum muss er dann noch angekettet werden?“

Keiner von den Erwachsenen konnte ihm jemals eine zufriedenstellende Antwort darauf geben und so geriet der angekettete Elefant immer mehr in Vergessenheit – bis der kleine Junge eines Tages auf jemanden trifft, der zu seinem Glück weise genug ist, eine passende Antwort auf seine Frage anzubieten:

Der Elefant macht sich nicht aus dem Staub, weil er schon sein ganzes Leben an einen solchen Pflock angekettet ist.

Als kleiner heranwachsender Elefant wollte er sich immer wieder mal befreien, doch damals fehlte ihm noch die notwendige Kraft sich gegen den Pflock zu wehren. Dieser steckte einfach zu fest im Boden. Tag für Tag versuchte er sich von seinem Peiniger loszureißen, bis er sich irgendwann, eines für sein weiteres Leben verhängnisvollen Tages, seiner Ohnmacht hingibt und er sein Schicksal als Zirkus-Elefant akzeptiert hat.

Der nun nicht mehr ganz so kleine Junge stellte mit Bedauern fest, dass der riesige Elefant nicht flieht, weil er glaubt, dass er dazu nicht mehr in der Lage ist.

Die Erinnerung an den damals empfundenen Schmerz und die damit verbundene Ohnmacht kurz nach seiner Geburt haben sich viel zu tief in sein Gedächtnis eingebrannt, so dass er in seinem späteren Leben niemals wieder einen ernsthaften Gedanken angestellt hat, diese Erinnerung zu hinterfragen und doch noch einmal seine gesamte Kraft zu sammeln, um sich von seinen Fesseln loszureißen (Bucay 2013, S. 7f).

VI. Literatur

Ich stütze (m)ein Gesundheitsverständnis in diesem Buch auf folgende Autoren bzw. Literatur.

Verzeichnis:

- Bauer, J. (2002). Das Gedächtnis des Körpers – Wie Beziehungen und Lebensstile unsere Gene steuern. München: Piper Verlag GmbH
- Bucay, J. (2013). Komm, ich erzähl dir eine Geschichte. Frankfurt am Main: Fischer Taschenbuch Verlag.
- Chopich, E. J., Paul, M. (2012). Aussöhnung mit dem inneren Kind. Ullstein Buchverlage GmbH.
- DSM-IV[25]: Diagnostic and Statistical Manual of Mental Disorders.
- Funk, R. (2005). Ich und Wir – Psychoanalyse des postmodernen Menschen. München: dtv.
- Funk, R. (2011). Der entgrenzte Mensch – Warum ein Leben ohne Grenzen nicht frei, sondern abhängig macht. München: Gütersloher Verlagshaus.
- Funk, R. (2013). Was den Menschen gelingen lässt. Zur Aktualität der Psychoanalyse Erich Fromms. Gastvortrag am 18. Juni 2013 an der Internationalen Psychoanalytischen Hochschule Berlin.
- Fromm, E. (1947). Psychoanalyse und Ethik. Bausteine zu einer humanistischen Charakterologie. München: dtv.

- Fromm, E. (1955). Wege aus einer kranken Gesellschaft. Eine sozialpsychologische Untersuchung. München: dtv.
- Fromm, E. (1956). Die Kunst des Liebens. München: dtv.
- Fromm, E. (1964). Die Seele des Menschen. Ihre Fähigkeit zum Guten und zum Bösen. München: dtv.
- Fromm, E., Suzuki, D. T., de Martino, R. (1971). Zen-Buddhismus und Psychoanalyse. Frankfurt am Main: Suhrkamp Taschenbuch Verlag.
- Fromm, E. (1976). Haben oder Sein. München: dtv.
- Fromm, E. (2000). Authentisch leben. Freiburg im Breisgau: Herder GmbH
- Fromm, E. (2005). Vom Haben zum Sein – Wege und Irrwege der Selbsterfahrung. Ullstein Buchverlage GmbH.
- Fromm, E. (2011). Über die Liebe zum Leben. München: dtv.
- Gruen, A. (1987). Der Wahnsinn der Normalität. Realismus als Krankheit: eine Theorie der menschlichen Destruktivität. München: dtv.
- Hüther, G. (2012). Biologie der Angst – Wie aus Stress Gefühle werden. Göttingen: Vandenhoeck & Ruprecht GmbH & Co. KG.
- Maaz, H. J. (2007). Die Liebesfalle – Spielregeln für eine neue Beziehungskultur. München: dtv.
- Maaz, H. J. (2012). Die narzisstische Gesellschaft. Ein Psychogramm. München: C. H. Beck.
- Röhr, H. P. (2005). Narzißmus – Das innere Gefängnis. München: dtv.

- Symington, N. (2012). Narzissmus – Neue Erkenntnisse zur Überwindung psychischer Störungen. Gießen: Psychosozial-Verlag.

MIX
Papier aus verantwortungsvollen Quellen
Paper from responsible sources
FSC® C105338

Printed by Books on Demand GmbH, Norderstedt / Germany